ÉTUDE COMPARÉE 2484

DE LA VERSIFICATION FRANÇAISE

ET DE LA

VERSIFICATION ANGLAISE

L'ALEXANDRIN ET LE BLANK VERSE

THÈSE

POUR LE DOCTORAT D'UNIVERSITÉ

PRÉSENTÉE

Devant la Faculté des Lettres de l'Université de Grenoble

PAR

Thomas B. RUDMOSE-BROWN

OF CAMPSTER
Maître ès Arts de l'Université d'Aberdeen
Carnegie Research Scholar
Ancien Lecteur d'Anglais à l'Université de Grenoble

GRENOBLE

TYPOGRAPHIE ET LITHOGRAPHIE ALLIER FRÈRES
26, Cours de Saint-André, 26

1905

ÉTUDE COMPARÉE

DE LA VERSIFICATION FRANÇAISE

ET DE LA

VERSIFICATION ANGLAISE

L'ALEXANDRIN ET LE BLANK VERSE

ÉTUDE COMPARÉE

DE LA VERSIFICATION FRANÇAISE

ET DE LA

VERSIFICATION ANGLAISE

L'ALEXANDRIN ET LE BLANK VERSE

THÈSE

POUR LE DOCTORAT D'UNIVERSITÉ

PRÉSENTÉE

Devant la Faculté des Lettres de l'Université de Grenoble

PAR

Thomas B. RUDMOSE-BROWN

OF CAMPSTER

Maitre ès Arts de l'Université d'Aberdeen
Carnegie Research Scholar
Ancien Lecteur d'Anglais à l'Université de Grenoble

GRENOBLE

TYPOGRAPHIE ET LITHOGRAPHIE ALLIER FRÈRES
26, Cours de Saint-André, 26

—

1905

A

MONSIEUR J. DE CROZALS

Doyen de la Faculté des Lettres de l'Université de Grenoble

ET A

MONSIEUR H.-J.-C. GRIERSON

Professeur à la Faculté des Lettres de l'Université d'Aberdeen

Témoignage de profond respect
et de vive affection

AVANT-PROPOS

On trouvera peut-être singulier que je passe sous
silence la versification de l'ancien français. C'est que je
ne me suis pas proposé dans ce travail de rechercher
les origines des mètres français et leur développement
avant Racine.

Je ne me déguise pas le fait que, si ma théorie générale de la versification peut et doit être valable pour
l'ancien français comme pour le français moderne, il est
possible que les détails des divers mètres ne soient pas
identiques dans toutes les périodes de la langue, et que
l'alexandrin, notamment, ait autant et même plus
évolué entre le *Voyage de Charlemagne* et les drames
de Racine qu'entre ces derniers et (pour ne pas dire
les *Complaintes* de Laforgue) les *Poèmes Barbares* de
Leconte de Lisle.

Tracer l'histoire de cette évolution n'entrait pas
pourtant dans mon intention.

Je pense qu'on m'excusera également de n'avoir pas
rendu compte de tous les ouvrages de mes devanciers.
Je ne prétends pas avoir écrit une histoire de la science
métrique. Je n'ai critiqué les théories d'autrui que pour

mieux démontrer en quoi consiste l'originalité de la
mienne.

On ne trouvera pas de bibliographie. La liste des
livres qui ont influé plus ou moins consciemment sur
ma conception de la versification, soit française, soit
anglaise, serait sans intérêt général. Il est vrai qu'une
bibliographie *complète* de la versification française et de
la versification anglaise est fort à désirer. Mais dans
une bibliographie qui aurait rapport au sujet de cette
thèse, il ne pourrait être fait mention ni des mémoires
relatifs à l'origine et à l'évolution, pendant le moyen-âge,
des mètres français et anglais, ni de cette catégorie
d'ouvrages dans lesquels il ne s'agit pas de développer
des théories mais d'accumuler des faits et qui compren-
drait, par exemple, pour ce qui concerne la versification française, le mémoire détaillé de Thieme [1] et l'histoire générale de Kastner [2].

J'ai pensé qu'une bibliographie si incomplète n'aurait
pas d'utilité.

---

[1] H. P. Thieme : *The Technique of the French Alexandrine*, Ann
Arbor, 1897.

[2] L.-E. Kastner : *A History of French Versification*, Oxford, 1903.

INTRODUCTION

I

Le but de ce travail est l'application d'une théorie générale de la versification et d'une théorie spéciale du mètre à l'étude comparée de la versification française et de la versification anglaise et à l'élucidation par cette méthode de divers problèmes relatifs aux mètres principaux des deux langues, l'*alexandrin* et le *blank verse*.

Les considérations contenues dans la première partie de cette étude, intitulée *L'Accent et la Quantité,* sont des prolégomènes. La phonétique seule peut fournir les données que j'y résume. N'ayant pas la prétention d'écrire une étude phonétique, je me contente de considérer comme convenus les résultats des recherches de mes devanciers. Je leur emprunte ce qui est nécessaire aux démonstrations qui suivent. C'est ainsi que j'accepte, en particulier, la théorie de Fredrik Wulff, d'après laquelle la quantité des syllabes en français et en anglais dépend de leur relief dans la phrase, dit accent.

Ma tâche, dans cette première partie, a été de coordonner les données éparses dans un nombre considérable de mémoires et de livres, de les contrôler et parfois de modifier quelques-unes d'entre elles.

Cette étude comprend donc deux parties essentielles :

a) La seconde, intitulée *Le Rythme et le Mètre, ou des rapports entre l'élément psychique et l'élément métrique dans la constitution du vers.*

Cette distinction, comme on verra, n'est pas entièrement nouvelle. Ce que je prétends apporter de nouveau sous ce rapport, dans la solution de tous les problèmes de la versification, c'est l'application rigoureuse du principe de l'inviolabilité absolue de l'élément psychique comme de l'élément métrique.

b) La troisième partie, intitulée *La Période temporelle et ses éléments constitutifs,* où j'applique aux divers problèmes de la versification, outre la conception générale dont il vient d'être question, l'idée plus spécialement métrique que l'on ne doit pas scander les vers par syllabes, de quelque manière que ce soit, mais par groupes de syllabes.

Ce principe n'est pas non plus complètement nouveau. Seulement il n'a pas été appliqué avec la rigueur logique qui convenait. Il eût fallu, pour l'appliquer d'une manière féconde, tenir compte des rapports entre l'élément psychique et l'élément métrique qui font également l'objet de ce travail. La combinaison des deux principes appliqués jusqu'ici isolément constitue un des caractères et une des raisons d'être de cette thèse.

L'ordre de mon étude est plutôt logique qu'historique. J'ai disposé mes matériaux en vue du développement raisonné d'une théorie générale avec ses applications particulières. Partout où je l'ai cru utile, j'ai critiqué, en passant, les opinions de mes devanciers. Souvent même, après une très brève exposition synthétique de mes propres théories, j'en ai poursuivi l'élucidation en critiquant des théories opposées aux anciennes.

II

Le système métrique anglais aussi bien que le système français sont *temporels*. Il n'y a pas de différence essentielle entre le système latin et grec et le système moderne. Opposer le *mètre temporel* (ou *quantitatif*) des anciens au *mètre accentuel* anglais ou au *mètre syllabique* français est une erreur des plus fâcheuses.

Tobler prétend que « dans les vers français, on doit tenir compte seulement du nombre et, dans certains cas, de l'accentuation des syllabes, mais nullement de leur quantité[1] ». Il affirme que « la longueur de la voyelle et non moins la longueur de temps qu'exige la prononciation de la syllabe dans son entier sont donc absolument indifférentes... pour la mesure du vers[2] ». Il tire la conclusion qu'il y a « une différence fondamentale entre la versification française et la versification latine de la poésie littéraire du temps d'Auguste[3] ». C'est-à-dire qu'il refuse au mètre français la qualification de temporel ; dans un autre endroit[4], il semble lui refuser également la qualification d'accentuel. Ce point de vue est exprimé avec la plus grande netteté dans un manuel anglais de versification française, le plus connu avant

[1] *Le Vers français*, 2ᵉ éd., p. 1.
[2] *Ibid.*, p. 2.
[3] *Ibid.*, p. 2.
[4] *Ibid.*, p. 7.

la publication du livre de Kastner : « La versification française n'est pas quantitative[1] », affirmation catégorique suivie plus loin de l'affirmation non moins catégorique : « Les vers français ne sont pas accentuels[2] ».

Dans son *Rhythmus des französischen Verses,* le dernier livre paru sur la versification française, F. Saran distingue trois sortes de mètres, temporel, accentuel et alternant. Selon lui, dans le mètre temporel, c'est la quantité des syllabes qui marque le mètre et indique la confection des vers ; dans le mètre accentuel, au contraire, c'est l'*accent grammatical*[3].

Par les mots « marque le mètre » *(das Metrum auszuprägen),* etc., Saran laisse deviner qu'il comprend que la quantité et l'accent ne sont que les moyens par lesquels *le mètre est marqué,* c'est-à-dire par lesquels l'ictus du mètre s'extériorise, et que le mètre existe indépendamment d'eux. Il semble réserver le nom d'accentuel au seul cas où le mètre est marqué par l'*accent grammatical* sans tenir compte de l'*accent éthique* (ou oratoire).

Par mètre alternant Saran veut dire, comme il paraît malgré maintes inconséquences, un mètre accentuel où le syllabisme est strictement observé et où le mètre est marqué ou par l'accent grammatical ou par l'accent

---

[1] Gosset : *Manual of French Prosody,* Londres, 1884, p. 1.

[2] *Ibid.,* p. 4.

[3] Franz Saran : *Der Rhythmus des französischen Verses,* Halle, 1904, p. 2.

« Die Antike arbeitete bekanntlich Metrum und Sprache so in einander, dass die Quantität der Silben (richtiger : ihre Dehnbarkeit) das Mittel wurde, das Metrum auszuprägen und dadurch die Gliederung des Verses anzudeuten. In den germanischen Dichtungen leistet dasselbe von je her der (grammatische) Sprachaccent, da in Germanischen die rhythmischen und accentuellen Gruppen des Verses zusammenfallen müssen. »

éthique. « Sa nature essentielle est que ni la longueur des syllabes ni l'accent (grammatical) des mots ne sont respectés ; au contraire, l'arsis et la thésis, fixées rigoureusement à une syllabe, alternent régulièrement [1]. »

Pour R. de la Grasserie, dans ses *Principes Scientifiques de la Versification Française*, le mètre temporel des anciens et le mètre accentuel des modernes ne font qu'un. Le vers allemand aussi bien que le vers latin ont un mètre temporel, soit syllabique ou non. Il semble avoir compris, lui aussi, que l'accent et la quantité, en tant qu'éléments métriques, ne sont que l'extériorisation de l'ictus qui bat le temps d'un mètre indépendant. On conclut d'une page très confuse et où les contradictions fourmillent [2], que le vers français entre dans la même catégorie, l'accentuelle. « Le système

---

[1] Franz Saran : *Der Rhythmus des französischen Verses*, Halle, 1904, p. 2 :

« Ihr Wesen ist, dass in den Versen weder die Silbenquantität noch der (grammatische) Wortaccent beachtet werden, dafür aber Hebung und Senkung, streng einsilbig gehalten, regelmässig mit einander abwechseln. »

[2] Raoul de la Grasserie : *Principes Scientifiques de la Versification Française*, Paris, 1900. Cp. avec la citation de la p. 44 le paragraphe suivant (p. 41-42) :

« Le troisième système est le vers *syllabique* ; il y a bien *égalité temporale* entre les *hémistiches* quand le nombre de syllabes est égal dans chacun ; dans le cas contraire, c'est une question que nous aurons à examiner. Mais entre les parties d'un hémistiche, on semble ne compter que le nombre des syllabes. Ce système se *complète* par la *sonorité*, soit *allitération*, soit assonance. Le système est celui de beaucoup de langues, en particulier des langues romanes et du français. Le temps du vers est mesuré, l'hémistiche est souvent égal à l'hémistiche, non toujours, au moins en apparence ; mais celui-ci n'a pas de division en pieds, c'est-à-dire en groupes de syllabes pourvus d'*arsis* et de *thésis*. La division en vers et celle en hémistiches sont seules bien marquées, la première par l'accent tonique et la sonorité, la seconde seulement par l'accent tonique. En dehors il n'existe que le *comput des syllabes* ; chaque hémistiche doit en contenir un nombre égal. »

français est... *principalement syllabique,* mais il est aussi accentuel, et comme l'accent français se réalise par une augmentation de quantité, indirectement *quantitatif,* c'est-à-dire, en définitive *temporal* (l'orthographe est celle de de la Grasserie)... Il possède, comme toute la versification temporale, un *temps fort* et un *temps faible,* le premier recevant un ictus ; ce temps fort est presque toujours placé à la fin du pied [1]. »

Quant aux métriciens orthodoxes anglais, Mayor dit tout nettement, et c'est tout ce qu'il dit : « Les vers anglais se distinguent de la prose anglaise par le retour régulier de l'intonation forte ou l'accent tonique [2]. » C'est l'opinion consacrée des métriciens orthodoxes.

Je soutiens, avec de la Grasserie, que la métrique française et la métrique anglaise se basent sur un seul et même principe, *la mesure d'intervalles isochrones de temps.* Je suis d'avis que le mètre de l'alexandrin français comme celui du *blank verse* anglais sont temporels, avec des restes de syllabisme dans les deux cas, dont le vers anglais comme le français ont pu se débarrasser, celui-là en remontant vers la liberté du vers anglo-saxon, comme dans une grande partie des vers dit trisyllabes (dactyliques, anapestiques), et celui-ci dans beaucoup de vers dits libres. Il est vrai, cependant, comme le dit de la Grasserie, que « s'il y a dans le rythme temporel lui-même un maximum de syllabes, il y a aussi un minimum [3] ».

Il y a pourtant des différences assez importantes entre le système métrique des anciens, du moins présenté dans sa forme orthodoxe, et celui des modernes.

[1] Raoul de la Grasserie : *Principes Scientifiques de la Versification Française,* p. 41.

[2] J.-B. Mayor : *A Handbook of Modern English Metre,* Cambridge, 1903.

[3] De la Grasserie, *op. cit.,* p. 41.

1. La différence la plus frapp'ante entre le vers temporel des anciens et le vers également temporel des modernes est celle entrevue par Saran et de la Grasserie, c'est-à-dire le rôle joué dans celui-là par la syllabe longue et dans celui-ci par la syllabe forte pour marquer l'ictus.

2. Il y en a une autre, non moins importante, c'est que si les syllabes latines et grecques avaient une valeur temporelle fixe, la quantité des syllabes françaises et anglaises varie selon leur position et leurs rapports accentuels.

3. La troisième différence est l'importance plus marquée de la pause comme élément métrique dans les vers modernes.

4. Une plus grande liberté d'*équivalence* se fait voir dans les langues modernes que dans les langues anciennes. Une longue peut être remplacée par une, deux ou trois et en français même par quatre brèves.

5. Tandis que les mètres latins et grecs se groupent selon la divisibilité de leurs pieds en égaux et inégaux, les mètres modernes, qui ne connaissent pas cette distinction, se groupent en syllabiques et non syllabiques.

F. Wulff a tâché de développer une théorie générale de métrique. Son livre[1] *Om Värsbildning* est peut-être la contribution la plus instructive qui ait été faite à l'étude de cette question. Il a très bien compris que la quantité dépend du relief relatif (frambävande) des syllabes ; il a admis l'importance, sous quelques rapports, de la pause ; il a vu que c'est le temps qui est mesuré dans tous les systèmes métriques et que la syllabe longue ou la syllabe forte ne servent qu'à mar-

---

[1] Fredrik Wulff: *Om Värsbildning*, Lund, 1896.

quer l'ictus. Mais, bien qu'il dise que « tout le monde
est d'accord qu'il ne faut lire machinalement ni la prose
ni les vers [1] », il n'échappe du reproche de ne pas
respecter suffisamment l'*accentuation dynamique* de la
phrase que pour retomber dans celle de négliger les
exigences du mètre. Je regarde comme convenu que le
mètre ne doit pas fausser la prononciation naturelle de
la phrase. Je suis même persuadé qu'il n'a aucune
influence sur elle. Wulff est du même avis pour ce qui
regarde la disposition des accents ; il semble l'écarter à
l'endroit de la césure et de la pause finale. Seule une
prononciation soignée mais naturelle, c'est-à-dire qui
tire de la phrase sa signification exacte dans toutes ses
nuances, peut faire pleinement ressortir le mètre. Un
vers qui ne remplit pas cette condition est tout simplement un mauvais vers. Ne pas comprendre cette loi
fondamentale c'est confondre le mètre avec une chose
très différente, le rythme.

Coventry Patmore a très bien compris cette condition
primordiale de la versification. Son *Essay on English
Metrical Law* [2], paru en 1856, reste, malgré les livres
plus récents de Lanier et d'Omond, la plus féconde
contribution à la métrique anglaise. Déparé par quelques erreurs bizarres [3], cet *Essay* n'en est pas moins,
pour ce qui concerne les principes fondamentaux, plus
brillant et plus profond que l'exposé soigné et détaillé

---

[1] Fredrik Wulff : *La Rythmicité de l'Alexandrin Français,* Lund,
1900, p. 9. Cp., p. 11 :
« Le mouvement exigé par la donnée rythmique, par le *schéma*
d'un vers, n'influence... aucunement la phrase. »
Voir plus loin II (2) *La théorie quantitative de Wulff.*
[2] Je cite l'éd. de 1886, Londres.
[3] Il partage à peu près les erreurs de Wulff, surtout à l'égard de
la césure et de la pause finale.

de Lanier[1] et l'étude assez négligée, malgré des traits de génie, de son successeur Omond[2].

Quelques citations de l'*Essay* permettront de se rendre compte de l'opinion de Patmore : « Il n'y a jamais deux façons également bonnes de lire une phrase, bien qu'il puisse y en avoir une demi-douzaine de l'écrire. Si une seule phrase peut être lue de plus d'une façon, c'est qu'elle peut avoir plus d'un sens. « *Shall you walk out today ?* est une question qui peut être demandée avec autant d'accents et de tons variés qu'elle renferme de mots ; mais chaque intonation différente entraîne un sens nouveau.[3] » ... « A ceux qui croient que les vers sont fondés sur la mesure, il suffira d'indiquer le fait qu'il n'y a pas de distinction nécessaire entre la lecture correcte de la prose et celle des vers, comme il y en aurait si la division fondamentale d'un vers en un certain nombre de pieds ou de mesures était artificielle. Ainsi l'effet métrique voulu d'un passage de prose tel que *Her ways are ways of pleasantness, and all her paths are peace,* qui est un vers iambique tétramétrique brachycatalectique (la terminologie est de C. P.) délicieusement cadencé, est complètement rendu par la lecture ordinaire[4]. » ... « Chaque changement dans la

---

[1] Sidney Lanier : *The Science of English Verse,* New-York, 1880.

[2] *A Study of Metre,* Londres, 1903.

[3] Patmore, *op. cit.,* p. 225 :

« *Shall you walk out today* is a question which may be asked, with as many variations of stress and tone as there are words in it ; but every variation involves a variation of meaning. »

[4] *Ibid.,* p. 226 :

« To those who believe that verse is itself founded on measure, it will be sufficient to point out the fact, that there is no necessary distinction beteveen the right reading of prose and that of verse, as there would be were the primary degree of measure, whereby a verse is divisible into a certain number of " feet " and " bars " artificial.

position de la pause grammaticale, chaque altération du rythme iambique strict et monotone doivent être motivés ou non par le sens (il s'agit du blank verse). *Une telle altération rend l'émotion aussi sûrement que les mots rendent la pensée;* et quand les changements ne sont pas ainsi justifiés par le sens, l'effet de la variété ainsi obtenue choque plus un jugement éclairé que la monotonie qu'on se proposait d'écarter [1]. »

Liddell a nettement formulé la même condition. « La disposition des syllabes accentuées fait partie intégrale d'une idée anglaise exprimée; et il n'est pas possible au poète de la modifier à seule fin d'obtenir des arrangements agréables. Le moindre changement dans leur disposition normale entraîne un changement dans l'idée elle-même, et l'altération devient immédiatement sensible [2]... Si le poète viole cette disposition normale des accents pour obtenir l'effet métrique voulu, son vers lui fait dire ce qu'il ne veut pas dire, et le fait qu'il ne

---

Thus, on meeting in prose with such a passage as " Her ways are ways of pleasantness, and all her paths are peace ", wich is an exquisitely cadenced " cambic tetrameter brachycataleclic ", we give the entire metrical effect in the ordinary reading. »

[1] Patmore : *op. cit.*, p. 266 :

« Every alteration of the position of the grammatical pause, every deviation from the strict and dull iambic rhythm, must be either sense or nonsense. *Such change is as real a mode of expressing emotion as words themselves are of expressing thoughts;* and when the means exist without reference to their proper ends, the effect of the " variety " thereby obtained, is more offensive to a right judgment them the dullness which is supposed to be avoided. »

[2] Mark H. Liddell : *An Introduction to the Scientific Study of English Poetry*, London, 1902, p. 69 :

« The stress relations of its various parts are also an integral part of an English idea : and it is not possible for the poet to disturb these in order to obtain pleasing arrangements. The least alteration of their normal incidence involves an alteration of the idea itself, and the change is immediately palpable. »

possède pas son métier devient apparent[1]. » . . . « La condition que *la nécessité de la forme métrique ne doit en aucune façon dénaturèr l'expression claire de la pensée dans une langue simple et souple* est, par conséquent, l'une des plus importantes pour la poésie[2]. »

---

[1] Mark H. Liddell : *op. cit.*, p. 70.
« If the poet violates these normal stress relations for the sake of his rhythm, his verse makes him say what he does not mean to say, and the fact that he is not master of his craft becomes apparent. »
[2] *Ibid.*, p. 70 :
« The limitation that *the imposition of the verse form must in no way interfere with the clear formulation of the thought in a simple and effective idiom* is, therefore, anther cardinal limitation for poetry. »

I

L'Accent et la Quantité.

I

CONSIDÉRATIONS GÉNÉRALES — RAPPORTS ENTRE L'ACCENT
ET LA QUANTITÉ — LA QUANTITÉ

Qu'est-ce que *l'accent* ? La prononciation fait ressortir certaines syllabes d'une phrase, leur donne un relief spécial. Ces syllabes sont les syllabes accentuées. L'accent est équivalent à l'importance psychologique. Les syllabes qui ont le plus de relief psychologique sont les plus accentuées.

C'est ce que Saran a très bien senti. Il s'est exprimé ainsi[1] : « Dans la métrique aussi bien que dans la science de l'accentuation on commet la faute de dire simplement *force* (Stärke) au lieu de *pesanteur* (Schwere). Ce n'est autre chose qu'une préférence injustifiée au point de vue

---

[1] Saran : *op. cit.*, p. 291 :

« Wie in der Rythmik macht man auch in der Accentlehre den Fehler, statt von « Schwere » schlechthin von « Stärke » zu reden. Das ist nichts anderes als eine ungerechtfertigte Bevorzugung des physiologischen Standpunktes vor dem psychologischen und des subjektiven vor dem objektiven. »

physiologique sur le point de vue psychologique et du
subjectif sur l'objectif », et plus loin[1] : « Si l'on entend
des mots comme *père, trouve* ou bien des groupes de
mots comme *beau temps, syllabes fortes*, l'auditeur
impartial s'aperçoit que dans ceux-là les voyelles *è* et
ou ressortent plus que les autres. De même dans ceux-
ci *em* plus que *eau, or* plus que *a* : *è, ou* sont comme
les points culminants des mots, *em* et *or* comme ceux
des groupes de mots. Pour expliquer ce fait, on dit
couramment que chaque voyelle culminante est plus
forte que les sons voisins ; de même les points culmi-

---

[1] Saran : *op. cit*, p. 292. Le texte allemand du paragraphe entier
est le suivant :

« Hört man Worte wie *père, trouve* oder Wortgruppen wie *beau
temps. syllabes fortes* so bemerkt auch der naive Hörer dass in jenen
die Laute *e* und *ou* über die andern gleichsam hervorragen. Ebenso
in diesen *em* über *eau*, und *or* über *a : è, ou* werden als die Worte, *em*
und *or* als die Gruppengipfel empfunden. Um diese Tatsache zu
erklären, pflegt man zu sagen : jene Gipfelvokale sind « stärker » als
die umgebenden Laute, ebenso die Gruppengipfel stärker als die
Wortgipfel derselben Verbindung. Aber es ist mir sehr zweifelhaft,
ob selbst der Grammatiker das was er damit behauptet, immer
wirklich hört. Unser Ohr fasst, wie die experimentelle Psychologie
nachgewiesen hat, Stärkeverschiedenheit schlecht auf,es ist dagegen
äusserst empfindlich für Unterschiede der Dauer und Qualität.
Während es sebst ganz kleine Quantitäts- und besonders Qualitäts-
unterschiede auf's deutlichste wahrnimmt, bemerkt es Intensitäten weit
weniger. Der Phonetiker wird die für die oben zitierten Beispiele
behaupteten Stärkeunterschiede hören : der Ungeübte schwerlich.
Denn dieselben sind ziemlich gering. Der Ungeübte und Laie bemerkt nur eine verschiedene Bedeutsamkeit, eine grössere oder
geringere psychische Wirkung. Dass Intensitätsverschiedenheiten in
Betracht kommen, bemerkt er gewiss nicht. Er nimmt das nur an, weil
er aus subjektiver Beobachtung, aus seinem Muskelgefühl weiss,
dass Laute und Silben hervortreten, wenn man sie « stark », d. h. mit
kräftiger Ausatmung spricht. Bezeichnet er also die Silben-, Wort-,
Gruppengipfel als schlechthin die « stärksten » Teile, dann liefert er
nicht eine genaue Beschreibung dessen, was er bemerkt, sondern er
supponiert eine Erklärung. Er giebt eine physiologisch-motorische
Hypothese statt einer akustischen Beobachtung. »

nants des groupes de mots sont plus forts que les points culminants des mots de ces mêmes groupes. Mais je ne suis pas du tout sûr si le grammairien lui-même entend vraiment ce qu'il prétend ainsi entendre. Notre oreille se rend compte difficilement, d'après les données de la psychologie expérimentale, des différences de force, tandis qu'elle est très sensible aux différences de durée et de qualité... Le phonéticien entendra vraiment les différences de force dont il était question ci-dessus : l'oreille inexpérimentée ne s'en rendra guère compte. Car elles sont assez légères. L'oreille inexpérimentée remarque seulement une variation d'*importance*, un plus ou moins grand relief psychique... Si l'on qualifie donc les points culminants des syllabes, des mots, des groupes de mots tont simplement de *plus forts*, on se laisse aller à une *explication* du phénomène, on n'en enregistre pas l'*effet*. On substitue à l'observation acoustique une hypothèse physiologique-motrice. »

Liddell est du même avis. « Il vaut mieux choisir un passage de prose afin de ne pas compliquer notre argument d'éléments étrangers. Supposons que nous considérions une courte phrase prise au hasard dans Ruskin :

« *But what, then, is the message to us of our own poet and searcher of hearts after fifteen hundred years of Christian faith have been numbered over the graves of men?*

« (L'auteur vient de parler de l'influence d'Homère et va commencer à discuter celle de Shakespeare.)

« Pendant que cette idée traverse un cerveau anglais, il y a divers points sur lesquels l'attention est arrêtée ; il y en a d'autres sur lesquels on passe rapidement et plus ou moins consciemment[1]. »

[1] Liddell, *op. cit.*, p. 184 :
« We had better select a prose form of expression so as not to be

Liddell préfère le terme *attention-stress* au terme *accent,* comme se prêtant moins à l'ambiguïté. Tandis que Saran se place au point de vue de l'auditeur, Liddell se place au point de vue de celui qui parle. Lui aussi conseille d'éviter de confondre « un phénomène physique avec l'opération mentale qui en est la cause », car, dit-il, « cette force de concentration (attention-stress) par sa nature n'est pas physique mais mentale, et elle peut exister et opérer dans la pensée sans qu'un mot soit prononcé ou une seule lettre écrite[1] ».

Il y a ainsi dans chaque phrase certaines syllabes plus importantes que les autres et qui frappent davantage l'esprit de celui qui entend. On s'est livré à d'interminables théories, l'une plus confuse que l'autre, sur la nature de l'accent, sur ce que Liddell appelle *les concomitants physiques de l'emphase.* La question n'est pas d'une extrême importance. Il suffit que ces syllabes ressortent, quelle que soit la cause physiologique du relief qu'elles ont. *Je définis donc l'accent comme le relief psychologique.* Je pense que la seule théorie soutenable des *concomitants physiques* de ce relief est celle qui affirme que les syllabes *accentuées* sont plus intenses et plus longues que les autres et que l'intensité

---

confused with extraneous elements. Suppose we take a brief sentence selected at random from Ruskin : — " But what then is the message to us of our own poet and searcher of heart after fifteen hundred years of Christian faith have been numbered over the graves of men. (The writer has been speaking of the influence of Homer and turns to discuss that of Shakespear). As this thought passes through an English mind, there are various points in its course on which attention is concentrated ; there are other points which are passed over hurriedly and more or less unconsciously. »

[1] Liddell, *op. cit.,* p. 200 :

« For this attention stress is in its nature not physical, but mental., and may exist and operate in the mind's thinking without the utterance of a single word or the writing of a single letter. »

et la longueur (on peut écarter l'intensité) d'une syllabe
sont en raison directe de son relief[1].

Wulff est de cet avis. Il écarte comme moi l'élément
tonique, pour ne retenir que la force (l'intensité) et la
quantité[2]. Il trouve que « l'accentuation dynamique de
la phrase (française) est seule génératrice des *longues*
et des *brèves* constitutives, en vers non moins qu'en
prose. La longueur intentionnelle d'une syllabe lui
venant directement d'un accent dynamique — celui-là
soit logique, soit purement rythmisant, soit analogique
— je suis d'avis qu'il n'y a pas le moindre inconvénient, ici, à employer partout *long* et *fort* comme syno-
nymes, et *bref* et *faible* de même[3] ».

Il explique son opinion sur les rapports entre l'accent
et la quantité dans son livre suédois *Om Värsbildning*
dont je vais résumer par des citations les idées princi-
pales à cet égard. « C'est un fait important, que la durée
des *syllabes accentuées* dépend de leur degré de relief
accentuel, c'est-à-dire que celles qui ont le même degré
d'accentuation ont en même temps la même durée

[1] Pour ce qui concerne le ton, voir plus loin, p. 52, note.

[2] Wulff, *Om Värsbildning*, p. 38. Il est vrai qu'il parle *du suédois*,
où « den melodiska sidan av akcenten » est très marqué. Saran
(p. 205) lui prête l'opinion que l'accent français (et *même germanique*) est tonique et marque l'élément de force : « *Auch der Germane*
(je souligne), noch mehr der Franzose erkenne die Hauptsilbe nicht,
weil sie stark sei, sondern weil Tonerhöhung (oder doch eine auffal-
lende Tonveränderung) darauf statt finde. » Il est vrai qu'il se base
sur Wulff : Von der Rolle des Akzentes in der Versbildung. Scand.
Archiv. 1891-2. L'explication se trouve peut-être dans un passage de
Wulff : *Rythmicité*, p. 4.

[3] Wulff : *Rythmicité* 4e., p. 0. Cp. *Om Värsbildning*, p. 128 (4) (5):
« Satsens dynamiska akcentuering, vare sig den är enbart logisk
äller delvis tillika rytmisk, är den enda principen för vår modärna
värsbyggnad. *Kvantitet* (stavelselängd) förefinnes i värs liksom i
prosa, men ingen annan än den som beror direkt på det intentionelle stavelsetrycket... »

2

totale, la même *quantité*, etc... Le timbre, etc... des sons constitutifs n'y est pour rien [1]. »

Guyau [2] pense (pour le français) que « les syllabes sur lesquelles on veut insister en lisant ou en parlant » sont les plus fortes, les plus longues et les plus aiguës. Les syllabes « qui n'ont pas grande importance au point de vue de la pensée » sont faibles, brèves et moins aiguës. Les syllabes n'ont ainsi pas de quantité fixe une fois pour toutes. « La quantité, telle que nous la concevons aujourd'hui, est variable, subordonnée à l'importance du mot et au sens de la phrase [3]. » De la Grasserie est d'avis que « l'accentuation a en français ceci de particulier, qu'elle n'élève pas seulement la voix et n'en augmente pas seulement l'intensité, mais en prolonge aussi la durée [4]. »

Brunetière s'exprime catégoriquement dans un sens opposé. « En français nous n'avons ni de longues ni de brèves... mais seulement des syllabes accentuées ; et l'accentuation n'est pas la « quantité ». L'accentuation est l'élévation ou l'abaissement de la voix sur une syllabe donnée : la quantité est ou était, dit-on, dans les

---

[1] Wulff : *Om Värsbildning*, p. 13 :

« Det är en viktig sak, denna, att alla huvudstavelser ha samma intentionelle längd vid lika starkt framhävande, d. v. s. de ha, vid samma akcenttcyrk, alldeles samma totala tidsmått, uttalsdryghet, stavelseutrymm, exspirations-extensitet, *Kvantitet*. De ingående ljudens klangfärj och artikulations-olikhet ha därpå intet inflytande. »

Cp. *ibid.*, p. 6 :

« På det intentionelle stavelsetrycket beror direkt hvarje stavelses totale längd i satsen (uttalsutrymmet). »

Cp. *ibid.*, p. 13, 4, et en général pages 12 à 15.

[2] Guyau : *Les Problèmes de l'Esthétique Contemporaine*, Paris, 1897, p. 183.

[3] *Ibid.*, p. 188.

[4] De la Grasserie, *op. cit.*, p. 365.

langues anciennes, la tenue de la voix sur la même syllabe [1]. »

Selon Liddell les syllabes accentuées (en anglais) sont *ou plus longues ou plus brèves,* avec ou sans une plus ou moins grande acuité de ton. « Comment donc décrirons-nous les concomitants physiques de l'emphase d'émotion ? Nous ne pouvons le faire qu'en appelant l'attention sur deux éléments de son résultat vocal ; le premier est une contraction ou un prolongement de la durée de l'onde syllabique, et le second est un effet que l'on a appelé *ton* en phonétique ; quelquefois le premier de ces phénomènes est seul sensible, quelquefois le dernier seulement ou bien quelquefois les deux à la fois [2]. »

Saran prétend que l'impression du relief d'un son ou d'une syllabe n'est pas physiologiquement simple. Elle est, selon lui, le résultat de l'opération de plusieurs facteurs dont les principaux sont la force, la durée, le ton, etc. [3]. Bridges sépare l'accent de la quantité ; en

---

[1] *Histoire de la Littérature Française Classique,* p. 404.

[2] Liddell, *op. cit.,* p. 214 :

« How, then, shall we describe the physical concomitants of emotion-stress. We can only do so by calling attention to two elements in its vocal effect the first a contraction or a prolongation of the time of a syllable-impulse and the second an effect which in phonetics is called *tone;* sometimes only the former of these two kinds of speech phenomena is conspicuously present, sometimes only the latter, sometimes both. »

[3] Saran, *op. cit.,* p. 294.

« ... der Eindruck des Hervorragens von Lauten und Silben nie psychologisch einheitlich ist. Er ist immer das Ergebnis des Zusammenwirkens mehrerer Faktoren. Als solche kommen in Betracht : Stärke, Dauer, Tonhöhe, Tonartikulation, Schallfülle, Registerverwendung u. a. m. » Saran a probablement raison. Tout ce qui concerne le but de cette étude, c'est le *relief* et la *quantité* (durée) ; le reste peut avoir son importance phonétique et même poétique ; il n'en a pas moins rien à dire pour la métrique (la science de la charpente des vers).

revanche, il reconnaît que le *ton* n'est pas un facteur indispensable de l'accent. « Dans les prières récitées sur une seule note dans les cathédrales, on peut entendre l'accent (stress) sans le ton aigu, les mots importants étant mis en valeur sans qu'on élève le diapason de la voix. En musique, l'accent coïncide souvent avec un abaissement du ton, et ceci peut naturellement être reproduit dans la diction[1]. » Il parle de « la *tendance* à dire une syllabe accentuée sur un ton plus haut qu'une syllabe non accentuée[2] » : il n'en fait pas une loi. Pour ce qui concerne les rapports entre la quantité et l'accent, Bridges pense que *les deux phénomènes sont indépendants.* « On ne peut jamais, ajoute-t-il, en l'accentuant rendre une syllabe brève aussi longue que deux syllabes sans accent[3]. »

Stone est aussi (sinon plus) paradoxal que Bridges. A travers le paradoxe on voit percer l'opinion des métriciens orthodoxes, comme Mayor, que les mètres modernes, dits accentuels, ne dépendent que de l'accent. « La différence entre les mètres anciens et les modernes est que dans les uns on scande le vers en se basant seulement sur la quantité, l'accent n'étant qu'un ornement pour jeter de la variété dans un mètre trop monotone, et dans l'autre les fonctions sont retournées, l'accent décide de la façon de scander, la quantité donnant (une partie de) la variété[4]. »

---

[1] Robert Bridges : *Milton's Prosody.* Je cite l'édition de 1901, Oxford, p. 78. Je reviendrai sur les idées de Bridges. Voir plus loin, p. 65.

[2] *Ibid.*, p. 78.

[3] *Ibid.*, p. 72.

[4] W. Johnson Stone : *On the Use of Classical Metres in English,* 1re éd., Londres, 1899, p. 6. La brochure a été republiée avec quelques modifications dans le même volume que *Milton's Prosody,* de Bridges, Oxford, 1901. Je cite la 1re éd.

Stone prétend que l'accent anglais est seulement tonique. « L'accent ordinaire... anglais consiste exactement à élever le ton de la voix, et rien de plus[1]... Je ne vois... pas de différence entre les règles de l'accentuation grecque et celles qu'on pourrait formuler pour l'anglais[2]. » Il cite[3] un passage de Blass (*Pronunciation of Ancient Greek*) : « En ce qui concerne l'accent des mots, on sait qu'en grec il consistait en une élévation de la voix, non en un accroissement d'intensité et bien moins encore en l'allongement de la durée, bien que dans les deux langues (latine et grecque) ce dernier phénomène fût uni à l'élévation de la voix dans la période de décadence... La versification de la période classique ne tient nul compte de l'accent (word-accent), et de fait, puisque l'accent était musical, il n'y avait aucune raison de le faire. » Pour Stone ainsi *l'accent n'a rien à faire avec la quantité*. Il affirme que, « pour qui y fait attention et s'ils sont bien prononcés, les mots anglais ont une quantité distincte[4] ». Mais il ajoute : « l'accent en anglais n'allonge pas du tout la syllabe[5]. » Il parle, à

---

[1] W. Johnson Stone : *op. cit.*, p. 32.

[2] *Ibid.*, p. 34.

[3] *Ibid.*, p. 31. Le texte anglais des citations est :

« The ordinary unemphatic English accent is exactly a raising of pitch, and nothing more..... I do not see any essential difference between the rules of Greek accentuation and such as might be formulated for English..... With regard to the accent of words it is well known that in Greek this consisted in voice-pitch, not voice-stress, and still less voice-duration, although in both languages the latter was united with the voice-pitch in ine period of their degeneration... the versification of the classical period makes no account whatever of a word-accent, and indeed, since the accent was musical, there was not the slightest reason why it should. »

[4] *Ibid.*, p. 4.

[5] *Ibid*, p. 4. Cp., p. 36 :

« Accent does not lengthen a syllable : ...its function is to preserve

propos de Stanihurst, de « l'impression désastreuse que les voyelles anglaises n'ont pas de quantité fixe et invariable[1] ». Il qualifie Puttenham d'homme « qui croit de bonne foi que le seul critérium de la longueur d'une syllabe est son accent, qui de fait ne soupçonne aucune différence entre *longueur de ton, force de ton* et *hauteur de ton*[2] ».

a syllable from conversational shortening, and I would go further and say that it preserves it also from lengthening. »

[1] W. Johnson Stone : *op. cit.*, p. 12.

[2] *Ibid.*, p. 16.

Stone préconise l'emploi du système métrique *quantitatif* en anglais, exactement comme en grec. Je donne à titre de curiosité les vers suivants composés par son père d'après ses règles. E. D. Stone : *A specimen of elegiacs*, Academy, le 1er avril 1899.

Ho ! jolly old parsons, who smoked long pipes of an evening.
    Smoked long churchwardens, sipped at a beady rummer :
Jackbooted, stout-cobbed, at a meet seen oft on a Monday,
    Or gaitered for a tramp through stubble after a bird ;
Just, and kwown to be just, yet prone to be merciful also,
    Lifting a grain of wheat out of a bushel o' chaff ;
Friendly to all, sharing port wine with needy retainers,
    Welcome in all cottages, welcome alike to the Hall.
Of neighbours shrewd, kindly critics, shrewd judges of horseflesh,
    Worldly perhaps, yet not guiltily slaves to the world,
(He made it very good, 'tis an ingrate's trick to abuse it :
    Using aright His gift, worthily praise the Giver.)
What's to be said ? Their place is a blank ; is none to regret them ?
    Were they merely rubbish, fit to be carted away ?
Twice in the week preaching set sermons, decked in a black gown,
    Droning an old, old tale stupidly accredited.
Say, is it all to the good that a priest stalks, trimly biretted,
    Down the village main street frocked in a seedy cassock ?
Choir boys, vested aright, now chant where once was a chorus
    Of loud-lunged voces led by a wheezy fiddle.
No difference of sex-young men with fresh, pretty maidens ;
    Old men with children, rustical antiphones.
Tis better, o doubtless, this Church of a new generation,
    Red-tiled, smartly bannered, made to a tidy pattern ;

Patmore n'est pas du même avis. Selon lui[1] l'accent anglais « n'est certainement pas une simple question de ton. Quelques écrivains ont identifié notre accent métrique avec la quantité ; d'autres l'ont vu dans la force ; d'autres ont imaginé qu'il consistait, comme le grec, simplement dans le ton ; d'autres y ont vu un composé de force et d'élévation de ton ; d'autres, enfin, en ont fait le relief acquis par une syllabe sur une autre par une combinaison quelconque de ces éléments. Or, il me semble que le seul point de vue admissible quant à cet accent qu'on s'accorde avec plus ou moins de netteté à donner comme base au mètre anglais, en contradiction avec le mètre syllabique des anciens, est celui qui lui attache la fonction de marquer, par des moyens quelconques, des intervalles isochrones... Ces qualités[2] que, prises séparément ou réunies d'une façon ou d'autre, on a considérées comme l'accent, sont seulement en réalité les conditions de l'accent. » Il semble penser que la syllabe accentuée, capable de marquer l'ictus, est la plus forte, la plus aiguë et la plus longue. « Nos habitudes[3] veulent, dit-il, que tout ce qui peut lui donner la prépondérance soit en général concentré sur une seule syllabe, afin de rendre possible le battement de l'ictus... Chez nous, ajoute-t-il[4], l'accent métrique

Yet there is one who loves old pews and homely belongings,
  Not restored, redolent of many ages ago.
Who sometimes, as a voice, high pitched, intones, for a moment
  Longs for an old parson, peacefully droning above,
Three deckers in a line with Nelson's Victory ranges,
  Wonders men reckon it seemly to wear petticoats.

[1] Patmore, *op. cit.*, p. 229.
[2] *Ibid.*, p. 231.
[3] *Ibid.*, p. 231.
[4] *Ibid.*, p. 227.

ou ictus et l'accent pris dans le sens d'un changement
de ton, et la quantité, coïncident. » Il n'attache pas
cependant beaucoup d'importance à trancher la question
de la nature de l'accent. Il se contente de constater que
certaines syllabes frappent plus l'esprit et sont ainsi plus
capables que d'autres de servir à marquer l'ictus. Il a
raison. Ce qui importe est justement ce fait que certaines syllabes ressortent et frappant ainsi l'esprit peuvent servir à mesurer le temps du vers.

Outre cela, il n'y a, pour moi, qu'une chose importante, c'est de s'entendre sur ce que veut dire la quantité en anglais et en français. Les théories les plus
diverses ont été émises, on le voit. Elles se groupent
en trois catégories :

(1) Chaque syllabe a une quantité inébranlablement
fixe.

(2) La quantité des syllabes est déterminée par leur
position accentuelle.

(3) La quantité des syllabes ne se laisse pas déterminer [1].

Nous avons vu que la seconde théorie est la seule
valable. La première n'envisage pas les faits ; c'est une
théorie académique [2]. La troisième néglige une partie

---

[1] Cp., prince Alexandre Bibesco : *La Question du Vers Français*,
Paris, 3ᵉ éd., 1895, p. 20 :
« Il n'y a point de syllabes longues ni brèves en français, et cela
par une raison bien simple, c'est qu'en français, *l'accent a tué la quantité.* » C'est vrai, en effet, mais ce n'est pas toute la vérité. L'accent,
non content de tuer la quantité, l'a recréé !

[2] Tennyson croyait savoir la quantité de chaque mot anglais, sauf
scissors (Stone, *op. cit.*, p. 25). La théorie de Stone (et de Bridges)
s'explique par le fait que les syllabes de chaque mot *isolé* ont bien

des faits ; c'est une théorie destructive ; elle donne bien le coup de grâce à la première, mais elle doit céder à la seconde. *La quantité dépend de l'accent et en est en raison directe.* Maintenant deux questions se posent :

(1) Combien de longueurs différentes peuvent exister pour une seule syllabe ?

(2) Y a-t-il dans une phrase autre chose que les syllabes ? La longueur de la phrase est-elle la somme des longueurs des syllabes qui la composent ?

Lanier pense « qu'on a l'habitude en anglais de prononcer chaque mot, soit en prose, soit en poésie, de façon que les sons dont il est composé soient dans un rapport simple et défini au point de vue du temps. Par rapports simples et définis, on entend les rapports de petits nombres tels que 1, 2, 3, 4, 5, etc.[1] ». Wulff trouve que l'accent et ainsi la quantité des syllabes a plusieurs degrés, « par exemple très fort (4), fort (3), demi-fort (2), par rapport au degré d'audibilité qu'ont les syllabes subordonnées, non accentuées dans chaque cas (1 ou 0)[2] ».

Par les mots *dans chaque cas* et par la réserve impliquée dans l'usage des mots *par exemple,* Wulff veut évidemment laisser deviner qu'il reconnaît à l'accent des gradations presque infinis de *framhävande* et ainsi à la quantité des syllabes des gradations innombrables

---

une valeur fixe ; mais les syllabes du même mot faisant partie d'une phrase ne gardent pas leur valeur primitive.

[1] Lanier, *op. cit.,* p. 60.

[2] Wulff : *Om Värsbildning,* p. 17 :

« Framhävandet har många grader, t. ex. mycket starkt (4), starkt (3), halvstarkt (2), — allt i jämförelse med den grad av hörbarhet som tillkommer talets jämna, undanhållna stavelser för tillfället (1 äl. 0). »

de longueur. Sous ce rapport, ses conclusions ne diffè-
rent pas beaucoup de celles de cette étude. C'est d'ailleurs à peu près l'opinion de Bridges (quant à la quantité des syllabes seulement). « En anglais, dit-il, la
différence entre les syllabes longues et brèves est aussi
marquée qu'elle a pu l'être en grec ou en latin [1]. » Il
pense que d'innombrables gradations de longueur et de
brièveté existent, et que ces distinctions « ont dû exister
également en grec et en latin, mais que leur système
de prosodie ne permettait pas de les reconnaître, car
elle y substituait une règle par laquelle toutes les longues étaient égales entre elles et d'une valeur double
des brèves toutes aussi égales entre elles [2] ».

[1] Bridges, *op. cit.*, p. 79.
[2] Bridges, *op. cit.*, p. 81 :
« Distinctions which must have equally existed in Greek and Latin
speech, but which their system of prosody overrode, for its theory
admitted only units and half units, and nothing between. »
C'est justement une telle substitution que Wulff semble faire.
Après avoir reconnu à la quantité des syllabes des gradations infinies,
il a l'air de limiter cette diversité quant à la forme métrique par une
règle arbitraire par laquelle il n'y a que quatre gradations de quantité. Je ne vois pas d'autre explication du passage suivant et de sa
pratique usuelle : « I poesi och värsbildning bör man över huvud äj
tala om *exakta längder* (jusqu'ici il n'y a pas à redire), så att t. ex.
en stark (hvilken eo ipso är lång) skulle vara till tiden exakt lika med
∪ + ∪, det vil säja at en — skulle vara dubbelt sa lång som en ∪ ;
utan vi ha ofta anledning at hällre betrakta saken så, att en viss
stavelse är kärnen, kring hvilken smådelar gruppera sig (cette
phrase ne contredit pas la thèse soutenue dans cette étude sur l'accentuation de la phrase). Därför kan, overallt i taktradens schema,
ensam ∪ hvilken som hälst ersättas med två, och två ersättas med
tre ; så vida äj en sträng numerisk (syllabisk) likformighet äller
alternering är för tillfället åsyftad och anbefalld. » — *Op. cit.*, p. 32.
Sans cette explication le système de Wulff ne serait pas, il me
semble, vraiment temporel ; il ne serait que le système dit accentuel
habilement déguisé. Mais avec cette explication je ne vois pas comment Wulff échappera au reproche de ne pas respecter le *rythme*
(Satsschema) sans tomber dans celui de ne pas respecter le *mètre*.
Voir cependant ci-dessous II (3).

Quant à la seconde question de savoir si, outre la quantité des syllabes il y a quelque chose qui contribue à la longueur de la phrase, Wulff, Omond, Patmore ont émis des opinions plus ou moins importantes sur le rôle de la *pause* dans la poésie. Wulff a bien vu que la longueur d'une phrase (ou d'un membre de phrase) n'est pas la somme de la quantité des syllabes qui la composent. Il fait observer [1] « qu'une syllabe peut être forte (et longue) par trois choses : ou bien par une voyelle, par exemple *gros ;* ou bien par une consonne, par exemple *grotte ;* ou bien enfin par une pause d'articulation qui remplit la mesure de la syllabe accentuée [2] ».

C'est Patmore cependant qui a exprimé le plus généralement cette conception de la longueur d'une syllabe.

---

[1] Wulff : *Rythmicité,* p. 9. Le texte suédois est plus clair, *Om Värsbildning,* p. VI :

« En ensam kort vokal + paus kan utgöra en *lång* stavelse ; en lång stavelse är alltså lång a) genom vokal, äl. b) genom konsonanten, äl. c) genom en paus. »

Il ajoute, p. 14 : « Det är... stavelsen som blir lång genom att uppbära ett huvudtryck i satsen, och hvilket ljud inom stavelsen som får på sin lott att ansvara för stavelselängden, det beror icke direkt på den momentana tryckakcenten, utan på hvarje stavelses fonetiska och historiska föregående : det är än vokalen, än konsonanten äfter vokalen, än är det en fyllnadspaus som ansvarar för stavelselängden. » Voir p. 128, 5.

[2] Je n'accepte pas cette idée d'une pause qui supplée à la longueur insuffisante d'une syllabe. On peut dire qu'une syllabe est suivie d'une pause, mais non que la pause constitue une partie intégrale du temps de la syllabe. Wulff a la préoccupation de définir les syllabes capables de marquer l'ictus. Il lui faut un degré suffisant de *longueur* (ou *accent*). Or une syllabe comme celles qu'il prétend être toujours suivies d'une pause sera toujours, en tant que suivie d'une pause, la syllabe principale d'un groupe accentuel (dans le cas où le groupe finit par la syllabe principale) et pourra ainsi, pour faible (et brève) qu'elle soit, servir à marquer l'ictus. — Voir plus loin *Règles de l'accentuation.*

Wulff ne semble viser que le cas d'une syllabe accentuée. Patmore comprend toute syllabe soit accentuée, soit non accentuée. « La notion habituelle d'une proportion exacte inhérente aux syllabes elles-mêmes semble être tout à fait inadmissible. Le temps employé à l'articulation d'une syllabe n'est pas nécessairement sa valeur métrique. *La durée d'une syllabe en combinaison est le temps qui s'écoule de son commencement au commencement de la syllabe suivante* [1]. »

Il va même jusqu'à mettre en doute les théories généralement reçues de la quantité latine et grecque et à vouloir appliquer aux langues anciennes comme aux modernes le même système pour déterminer la quantité des syllabes [2]. C'est un peu téméraire de répartir les pauses selon les syllabes auxquelles elles appartiennent;

[1] Patmore, *op. cit.*, p. 237 :

« The common notion of an exact proportion inherent in syllables themselves seems to be quite untenable. The time occupied in the actual articulation of a syllable is not necessarily its metrical value. The time of a syllable in combination, is that which elapses from its commencement to the commencement of the succeeding syllable. »

Il ajoute : « The monosyllables, *a, as, ask, asks, ask'st, though requiring five degrees of time for their articulation* (je souligne), may have precisely the same temporal value in verse, just as, in music played *staccato* on the pianoforte, the actual duration of sound in a crotchet or a quaver note may be the same, the metrical value depending altogether on the difference of the time which elapses before the commencement of the succeeding note. » (p. 237). Les mots soulignés témoignent d'un reste de foi en l'ancienne idée de quantité inhérente aux syllabes. Le temps occupé par chacune de ces syllabes dépend de son relief accentuel dans la phrase.

[2] *Ibid.*, p. 237 :

« This may reconcile the fact, noticed by Dionysius and others, that *one short syllable differs from another short, and one long from another long*, with the apparently contradictory rule, "*Syllaba brevis unius est temporis, longa vero duorum*". » Cette hypothèse pourrait éclaircir les théories de Wulff sur la quantité, s'il l'avait appliquée partout et non seulement, comme il semble, à certaines catégories plutôt exceptionnelles.

ce qu'il importe de retenir, c'est en tout cas l'importance temporale des pauses entre les syllabes. Omond
exprime la même idée dans une forme irréprochable,
mais en se plaçant au point de vue de la scansion des
vers, point de vue un peu prématuré pour cette partie
de mon étude : « Le temps est véritablement à la base
du mètre, et les syllabes sont relativement peu importantes ; en d'autres termes, les périodes peuvent être
remplies soit par des sons, soit par des silences (jusqu'à
un certain point) en apparence selon la volonté de
l'écrivain.... Quant à reconnaître l'égalité des périodes,
il est alors nécessaire pour cela de tenir compte des
silences entre les mots..., etc[1]. »

Cotterill dit : « Nous pouvons, par exemple, considérer le vers à cinq accents comme pouvant être divisé
non en cinq *pieds*, contenant chacun un certain nombre
de syllabes, mais en cinq *mesures*, analogues aux
mesures de musique. Le nombre de syllabes dans
chaque mesure ne sera alors d'aucune importance.
Comme en musique, la mesure peut être remplie par
une seule note longue ou par plusieurs notes brèves ;
elle peut consister en partie ou même entièrement de
silence[2]. »

---

[1] Omond, *op. cit.*, p. 6 :
« Time is thus the real basis of... metre, and syllables are com-
paratively unimportant ; in other words, the periods may be either
occupied by sound or left blank (to some extent at least) apparently
as the writer wills... In order to recognize periods as equal, then, it
is necessary to take account of silent intervals between words... To
scan by syllables alone is like trying to read a page of music, taking
account exclusively of notes, and paying no attention to pauses or
rests. Recognition of these last is as essential in metre as in
music. »

[2] H.-B. Cotterill : *Milton's Lycidas,* Londres, 1902, p. 103 :
« We may, for instance, regard the five-beat verse as divisible *not*
into five *feet*, each containing a certain number of syllables, but into

Ses exemples (p. 104) montrent qu'il n'a pas suffisamment fait la part de l'élément de pause et que sa scansion reste trop soumise aux règles supposées de la valeur inhérente des syllabes, héritées des anciens et auxquelles Lanier a donné une vie nouvelle[1].

La quantité d'une syllabe dépend donc de sa position accentuelle dans la phrase, et le temps d'une phrase (ou d'un membre de phrase) est la somme de la quantité des syllabes qui la composent *plus la somme des pauses entre les syllabes*.

Il y a autant de gradations de quantité qu'il y en a de relief accentuel, et les rapports entre les *longues* et les *brèves* ne sont pas plus exacts et plus fixes que ceux entre les divers degrés de relief. Il s'agit de déterminer les règles de l'accentuation et de la position et durée des pauses.

---

five *bars*, analogous to musical bars. The number of syllables in each bar will then be of no importance. As in music, the bar may be filled by one long note, or by various shorter notes ; it may parthy, or even entirely, consist of a pause. »

[1] Par exemple il scande *batt'ning our flocks* ♪ ♪ ♪ ♪ *gadding* ♪ ♪ , *disobedience* ♪ ♪ ♪ ♪ (p. 104) et *shatter your leaves* ♪ ♪ ♪ ♪ (p. 105), etc. Il n'admet pas que les syllabes les plus accentuées soient les plus longues. Il scande (p. 105) trois vers de Milton en ajoutant : « In the following lines a strong stress falls on a short syllable, and is followed by a long but unaccented syllable. »

Shatter your leaves before the mellowing year.

♪ ♪ ♪ ♪ ♪ ♪ ♪ ♪ ♪ ♪ ♪

II

RÈGLES DE L'ACCENTUATION ET DE LA POSITION
ET DE LA DURÉE DES PAUSES

Dans les mots isolés l'accent porte en français sur la dernière syllabe, c'est-à-dire la dernière syllabe frappe l'oreille et l'esprit plus que les autres[1]. J'appellerai cet accent un *accent primaire d'identité*. Dans les mots de plus de deux syllabes, les syllabes alternées frappent davantage l'oreille et l'esprit que les autres, sans pourtant beaucoup ressortir. On peut appeler l'accent de ces syllabes un *accent secondaire d'identité*.

Chaque mot anglais isolé a une ou plusieurs syllabes[2] accentuées. Aucune règle générale ne se laisse établir quant à la syllabe frappée, qui varie selon le mot dont il s'agit. L'accent secondaire[3] des polysyllabes peut être égal à l'accent primaire ; les deux peuvent même changer de place l'un avec l'autre. L'accent anglais a une *tendance*, en tout cas, à porter sur la première syllabe d'un mot[4].

[1] J'écarte pour le moment toute considération de l'*e* muet. Voir plus loin note sur l'*e* muet.

[2] Remarquez aussi que ces syllabes n'alternent pas nécessairement, par exemple:

impénétrabílity.

[3] L'accent secondaire sur l'*y* grec final de beaucoup de polysyllabes n'est pas égal à l'accent primaire de ces mots.

[4] L'accentuation est assez différente pour beaucoup de mots selon qu'il s'agit de l'*anglais méridional* ou de l'*anglais septentrional*

Dans un membre de phrase les mots sont cependant, en anglais comme en français, subordonnés les uns aux autres. Les articles, pronoms personnels, prépositions et d'autres enclitiques et proclitiques perdent leur accent de mot isolé, sauf emphase spéciale [1].

Pour ce qui concerne les autres syllabes du membre de phrase il faut d'abord préciser sa construction.

Lorsqu'on tâche de bien faire ressortir la signification exacte d'une phrase ou d'un membre de phrase, avec toutes ses nuances d'emphase, de logique et d'émotion, on interrompt ou suspend la voix entre certains groupes de syllabes. Le membre de phrase ne renferme pas que des sons ; il renferme aussi des silences, sans lesquels le sens n'en serait pas clair. Par exemple la phrase :

Il songe que la terre immense est sa prison, se décompose en trois groupes : *Il songe, que la terre immense, est sa prison ;* et la phrase :

Peace hath her victories no less renowned than war, se décompose en quatre groupes : *Peace, hath her victories, no less renowned, than war.*

(écossais). Par ex., cp. les accentuations des mots suivants : *lábora-tory* presque *lábratry* en anglais méridional, *labóratory* en anglais septentrional (je n'indique que l'accent primaire), *aríthmetic* et *arith-métic; commíttee* et *cómmittee,* etc. On remarque que les Anglais méridionaux prononcent presque toujours mal les noms de lieux écossais : *Craigelláchie* au lieu de *Craigéllachie; Auchindáchy* au lieu de *Auchindachy ; Banchóry* au lieu de *Bánchory ;* très souvent *Bal-láter* au lieu de *Bállater.* Les indigènes prononcent *Stoneháven,* les Anglais *Stónehaven.*

[1] Cp. Saran, *op. cit.,* p. 290 :
« Die einsilbigen Formworte (sind) proklitisch und enklitisch... und daher (stehen) den tonlosen bezw. nebentonigen Silben im Worte gleich. » Mayor, *op. cit,* p. 3 : « Articles, personal pronouns and prepositions are often merely appendages of verbs or nouns... Such words only receive the stress when they become emphatic from the context. »

On peut appeler ces groupes des *groupes grammaticaux* (ou logiques).

En français la dernière syllabe de chaque groupe est
frappée par un accent que j'appellerai l'*accent grammatical* ; les autres syllabes sont moins accentuées et se
subordonnent ainsi à la dernière syllabe. Saran cite, à
cet effet, Koschwitz[1]. « L'accent de la phrase réunit les
mots en groupes : phrases ou membres de phrase. Par
conséquent, l'accent (d'identité) des mots se subordonne
à l'accent du groupe *(Taktaccent)*, qui seul se fait
valoir. Cet accent frappe la dernière syllabe du groupe
(Sprachtakt). » Le *Taktaccent* de Saran correspond
ainsi à l'accent grammatical, et le *Sprachtakt* au
groupe grammatical.

La pause entre deux groupes grammaticaux est, selon
l'importance de l'interruption, ou un arrêt ou une
suspension de la voix ; elle peut être très longue ou,
au contraire, presque imperceptiblement brève.

Certains groupes de deux mots, dont chacun a un
accent d'identité, liés intimement par les prépositions
de, à, etc., ne forment qu'un groupe accentuel, cp. :
le fer de lance ∧ des étoiles,
en croquant ∧ *une graine de chanvre*,
je sais ∧ *que tes milliers de cœurs* ∧ sont les oiseaux,
(mais : il passa ∧ *comme le parfum* ∧ *du chèvrefeuille)*.

A cette catégorie appartiennent beaucoup de mots
composés : *arc-en-ciel, assiette-au-beurre, pied-de-
veau, œil-de-bœuf*, etc. — et de demi-composés comme

---

[1] Saran, *op. cit.*, p. 290 :

« Der Satzaccent fasse die Wörter zu Gruppen zusammen : Sätzen
oder Satzstücken (Sprachtakten). Dabei würden die Hauptaccente
der Wörter durch den *Taktaccent* gedrückt : es bleibe nur der Taktaccent merklich, der seinerseits auf der letzten Silbe des Taktes
stehe. »

3

sabot de la vierge, etc. Cp. aussi : *Saint-André-le-Gaz*, etc.

Si le dernier de ces mots est monosyllabique et que la préposition qui relie les deux mots soit aussi monosyllabique (il en est généralement ainsi), l'accent secondaire du groupe tombe sur une syllabe du premier mot frappée par l'accent primaire d'identité. Dans ce cas, l'accent secondaire est plus fort qu'un accent secondaire d'identité de mot isolé et rentre dans la catégorie I (2) ci-dessous.

En aucun cas l'accent secondaire ne peut tomber sur une syllabe sans accent du premier mot, sauf sur la première syllabe d'un dissyllabe.

La valeur accentuelle relative des divers mots et de leurs syllabes dans le groupe (sauf les proclitiques et enclitiques qui perdent tout accent d'identité) est gouvernée par les considérations suivantes :

I. Si le mot frappé par l'accent grammatical est immédiatement précédé d'un autre mot frappé par un accent d'identité, les deux mots s'assimilent et s'accentuent selon les règles données ci-dessus pour les mots isolés.

Deux cas se présentent :

(1) Les deux accents d'identité primaires se suivent immédiatement.

Par exemple :

> Hélène, avec tes *cheveux roux*
> Entre les saules *apparais-nous !*
> (Vielé-Griffin.)

(2) Les deux accents d'identité primaires sont séparés par une syllabe sans accent.

Par exemple :

> La *cuve ardente* de la mer
> (Leconte de Lisle.)

Dans ce dernier cas la valeur du premier accent est plus grande que celle d'un accent secondaire de mot isolé.

En aucun cas, sauf dans celui d'un dissylabe, l'accent secondaire ne peut frapper une syllabe non accentuée du premier mot.

II. Il y a souvent dans un groupe un ou plusieurs mots qui ont une signification *éthique* particulière, selon l'expression de Saran, qui distingue l'*accent grammatical* [1] d'avec l'accent *éthique* [2] (ou accent oratoire).

Bien que l'ensemble de sa théorie métrique ne confirme pas ce qu'il dit à cet endroit, Saran [3] a l'air de croire que l'accent éthique ne détruit jamais (ou presque jamais) l'accent grammatical [4]. C'est la vérité — *absolue pour le français,* générale pour l'anglais.

---

[1] Saran, *op. cit.,* p. 295 :

« Der Accent jeder Sprache hat zwei Bestandteile. Der eine steht in engster Verbindung mit dem, was die Laute, Silben, Worte, Wortgruppen und Sätze *bedeuten,* also mit den Eigenschaften und Beziehungen, die jene Stücke der ganzen Mitteilung haben, insofern sie *lediglich Symbole von Bedeutungen* und *Angehörige gewisser Bedeutungskategorien* sind. »

[2] *Ibid.,* p. 295 :

« Der andere Bestandteil des Accents steht in engster Verbindung mit der *Gemütslage,* aus der heraus die Mitteilung kommt. Er lässt erkennen, mit welchem Affekt, in welcher Stimmung, mit welchen Willensregungen die betreffende Person spricht. »

[3] *Ibid.,* p. 296 :

« In solchen Fällen, wenn man denselben (gesprochen, nicht gedruckt vorzustellenden) Satz aus ganz verschiedenen Gemütslagen heraus spricht, bleibt der zuerst besprochene Bestandteil bis zu einem gewissen Grade erhalten, ein anderer wird variiert. Jenen will ich den *grammatischen,* diesen den *ethischen...* nennen. »

[4] *Ibid.,* p. 296 :

« Nun ist das Ethische des Accents ohne den grammatischen Bestandteil überhaupt nicht existenzfähig. Dieser bleibt immer das

Deux cas se présentent en français :

(1) Le mot qui reçoit ainsi une emphase particulière est déjà frappé par un accent grammatical :

(a) Ce mot est un monosyllabe.
(b) Ce mot n'est pas un monosyllabe.

Dans le cas *(a)* aucune difficulté ne se présente. Le mot reçoit simplement un accroissement d'accent. Dans le cas *(b)* il se produit un phénomène intéressant, celui du *recul* ou plutôt de l'*égalisation de l'accent*. On a cru que l'accent reculait de la dernière syllabe pour venir frapper une des syllabes antérieures, celle surtout qui, d'après l'étymologie, portait la signification du mot. De Souza cependant n'est pas de cet avis[1]. Selon lui, « l'accent oratoire frappe toujours une tonique ». Il n'a évidemment pas raison. Mais le recul apparent de l'accent dans ces cas est-il réel ? Toutes les fois que l'accent semble ainsi reculer, on peut constater que la dernière syllabe ne ressemble pas à une syllabe sans accent. Elle garde quelque chose qui la distingue des syllabes non accentuées ou même frappées par un accent d'identité secondaire. Rousselot[2] prétend que l'émotion et l'emphase font reculer l'accent d'intensité, et que l'accent musical ainsi que l'accent de durée restent à leur place habituelle. Je ne le suivrai ni dans son opinion, ni dans sa terminologie. Quoi qu'il en soit, et je

Gerüst der Rede. Er wird von jenem nur mehr oder weniger modifiziert, nicht beseitigt. Wohl aber kann man sprechen, ohne dass man mit dem Gemüt merklichen Anteil an den Worten nimmt. Man kann also den grammatischen Bestandteil isolieren ; zwar nicht völlig, aber doch so weit, dass man den noch bleibenden ethischen ohne zu grosse Fehler vernachlässigen darf. »

[1] R. de Souza : *Le Rythme Poétique*, Paris, 1892, p. 246.

[2] Rousselot et Laclotte : *Précis de Prononciation Française*, Paris et Leipzig, 1902.

me garde bien d'avoir l'air de vouloir trancher une
question de phonétique expérimentale, il paraît que la
dernière syllabe, tout en n'étant pas plus forte que celle
sur laquelle porte l'accent éthique, garde toujours son
accent grammatical. Il se produit ainsi une tendance
vers *l'égalisation accentuelle* des deux syllabes. Si
cette tendance peut même aller dans le cas d'un polysyllabe jusqu'à l'égalisation complète, ce que d'ailleurs
je ne crois pas, la syllabe éthiquement accentuée
n'atteindra pas, en tout cas, dans un mot de deux
syllabes (non compris un *e* muet final), la valeur
accentuelle de la dernière syllabe, qui restera la plus
accentuée[1].

(2) Le mot n'est pas frappé par un accent grammatical, mais précède immédiatement un mot ainsi accentué.

Dans ce cas les deux mots s'assimilant sont traités
comme un seul mot et les syllabes de ce mot s'accentuent selon la règle donnée pour le cas (1)[2].

Exemples de ce *recul* :

(1) b :

de la laisser partir ainsi sans un *frisson* de ses paupières baissées...
la pauvre Désirée sort de la vie, *indignée* contre son destin...
cerveau toujours *fumant* d'idées nouvelles...

(A. Daudet.)

---

[1] Quand c'est la syllabe éthiquement accentuée d'un dissyllabe
qui marque l'ictus métrique, cas d'ailleurs *des plus rares*, elle aura
l'air au moins d'être plus accentuée que la dernière syllabe. On peut
citer le vers de Leconte de Lisle, *Kaïn, Poèmes Barbares*, p. 6 :

Ni les aigles, ni les vautours ne mangeront
Ma chair, ni l'ombre aussi ne *clora* mon œil cave.

Le poète semble d'ailleurs avoir cru nécessaire d'indiquer cette
irrégularité de scansion par l'allitération.

[2] Il est intéressant de remarquer que, dans le cas où le mot dont
il s'agit est dissyllabe, une véritable inversion accentuelle a lieu ;
p. ex.: s'il s'agit de faire ressortir le mot *heureux* dans le groupe
l'heureux roi, la première syllabe du mot *heureux* tend à s'égaliser
avec la syllabe *roi*, et la syllabe accentuée du mot *heureux* perd son
accent de mot isolé.

Écrase-moi, sinon, *jamais* je ne *ploirai*...
Et de l'aube à la nuit, *jamais* je ne *tairai*
L'infatigable cri d'un cœur désespéré !

(Leconte de Lisle.)

(2) :
Elle est bien trop cruelle, la *dure vie* [1]...
surtout quand il pleuvait et que Ferdinand ne *sortait pas*...
de mettre quelque chose au bout de leurs *petites rentes* [2]...

(A. Daudet.)

Et laissant des clartés trouer ses *fatals voiles*...
Et me dit : Tourne-toi vers l'*immensité bleue*...

(V. Hugo.)

Il faut remarquer que :

(1) Les syllabes qui perdent, en vertu des règles I et II (2), leur accent de mot isolé [3] ne rentrent pas dans la catégorie des syllabes sans accent d'un mot accentué et des proclitiques et enclitiques [4].

(2) Les syllabes qui, en vertu des règles II (1) et (2), deviennent accentuées par suite du *recul*, ne rentrent pas cependant dans la catégorie occupée par les syllabes frappées par l'accent grammatical.

Saran connaît ces deux règles. Vu qu'il n'admet d'ictus que sur une syllabe accentuée soit grammatica-

[1] Voir plus loin : Note sur l'*e* muet, pp. 42 et suiv.
[2] De même.
[3] Accent primaire d'identité — l'accent secondaire n'offre pas d'obstacle au nivellement.
[4] La prononciation de *demi-litre, café-crème,* etc., par les garçons de restaurant, et de *voulez-vous,* etc., dans le langage de la conversation, ne démentent pas cette règle. L'accentuation populaire ne peut pas faire autorité (malgré Malherbe) en matière de littérature, surtout le langage argotisant et négligé des classes sans culture des villes, soit dites inférieures ou non : « La cohue démocratique n'est pas la Foule ». (Charles Morice.)
Le français des classes instruites n'éprouve pas cette tendance exagérée à faire alterner les syllabes accentuées et non accentuées.

lement, soit éthiquement, ses deux règles (1) et (2), p. 313-14, doivent être prises dans ce sens. « (1) Les *syllabes de thése* qui sont en même temps *grammaticalement accentuées*, sont plus pesantes qui celles qui sont grammaticalement sans accent..(2) Les *syllabes d'arsis*, qui sont *grammaticalement sans accent*, sont moins pesantes que celles qui sont grammaticalement accentuées [1]. »

Wulff exagère les effets de ce qu'il appelle la *rythmisation*. « *Déjà*, dit-il, *dans la prose* la phrase française a de merveilleuses ressources de rythmisation. Ainsi, l'impératif *aimez !* est fortement accentué sur *-mez*; dans *aimez-vous ! -mez* est faible; dans *n'aimez-vous pas ?* -*mez* est de nouveau fort; dans *n'aimez-vous pas mieux ? mez* et *pas* deviennent faibles de nouveau [2]. » Il est vrai qu'il admet plus loin [3] comme accentuation *facultative* qu'on n'accentue que la dernière syllabe de *voulez-vous ?* etc. C'est en effet l'erreur contraire. Mais sa règle générale n'en laisse pas moins d'être que « presque toujours, dans des mots de plusieurs syllabes... l'on peut accentuer, par rythmisation, toutes les deux... syllabes, à compter en arrière de la syllabe chef *(sic)*.... De même avec des phrases [4] ».

J'admets bien que les accents tendent à se disposer selon un dessein alterné dans les polysyllabes et dans

---

[1] (1) *Rhythmische* Senkungen, die im *grammatischen Accent* Hebungen sind, wiegen schwerer als solche, die auch dort Senkungen sind.

(2) *Rhythmische* Hebungen, die im *grammatischen Accent* Senkungen sind, wiegen leichter als solche, die dort als Hebungen stehen.

[2] Wulff : *Rythmicité*, etc., p. 6.

[3] *Idid.*, p. 11.

[4] *Ibid.*, p. 11.

les mots composés qu'on a *complètement assimilés à des polysyllabes*. Du moment, pourtant, qu'on devient conscient qu'il y a *plus d'un mot* dans la combinaison chacun avec un accent sur la dernière syllabe, dont un s'affaiblit, ce n'est plus la formule d'un polysyllabe, mais celle établie ci-dessus qu'il convient d'appliquer. Il ne faut pas exagérer la tendance rythmique.

D'Eichthal considère le phénomène de recul par emphase comme donnant « à notre langue un caractère de souplesse et de variété qui fait défaut aux langues qui concentrent toutes les inflexions sur la même syllabe accentuée (allemand, anglais, etc.) [1] ».

Il trouve que *l'accent oratoire* « existe presque constamment » ; il croit que tandis qu'on attribue « à la syllabe finale une certaine pause qui la met en relief, par l'arrêt même de la voix, et par là laisse à l'esprit le temps de bien saisir le sens du mot, en général les autres inflexions de l'organe sonore, en acuité ou en intensité, se reportent, suivant les besoins de l'expression, sur les autres syllabes des mots ». On voit qu'il exagère la fréquence du recul et qu'il embrouille la question de la nature de l'accent.

Maurice Grammont est du même avis que Wulff quant à l'effet de la *rythmisation*. Il cite [2] le vers de Musset.

> A l'ombre du smilax et du peuplier blanc

et il ajoute : « Aucun effet n'étant appelé par le sens, *peuplier blanc* n'est qu'un mot métrique, avec un accent secondaire sur *peu-*. » J'ai fait lire ce vers à une Française

---

[1] Eugène d'Eichthal : *Du Rythme dans la Versification Française*, Paris, 1892, p. 18, note.
[2] Maurice Grammont : *Le Vers Français, ses Moyens d'Expression, son Armonie (sic)*, Paris, 1904, p. 23.

qui a accentué nettement *peuplier blanc* selon la formule que j'ai établie ci-dessus, en appuyant sur *peu-* et *blanc* sans pourtant réduire *-plier* tout à fait au niveau d'une syllabe faible.

Je puis citer à l'appui de ma conception du recul, je veux dire de la théorie de l'égalisation approximative des deux syllabes dont il s'agit, des expériences que j'ai faites sur un Français, à qui j'ai fait prononcer des mots anglais comme *favour, labour, desirable, mediation, William,* qui ont l'accent sur une syllabe autre que la dernière. Il avait beaucoup de difficulté à les prononcer. Il était tellement porté à mettre l'accent sur la dernière syllabe que, lorsque je lui faisais remarquer qu'il ne fallait pas en faire de même dans le cas de ces mots, il reproduisait le phénomène de recul. La dernière syllabe ne perdait rien de son accent, mais l'avant-dernière (ou autre, selon le cas) était frappée par un accent presque ou tout à fait aussi fort que celui de la dernière. Il ne réussissait presque jamais à ne pas accentuer la dernière syllabe.

Il y a ainsi, ou il peut y avoir, dans chaque groupe grammatical des syllabes dont le relief correspond à une ou plusieurs des quatre catégories suivantes non comprises les syllabes dites sans accent :

(1) $\begin{cases} \text{i accent II (1) (p. 36)} \\ \text{ii accent grammatical} \end{cases}$ $\begin{cases} \text{accent} \\ \text{grammatical.} \end{cases}$

(2)   accent (2) (p. 38).

(3)   accent secondaire I (2) p. 34.

(4)   accent secondaire ordinaire et accent (1) ci-dessus (p. 38).

Il y a ainsi en français dans chaque groupe grammatical une syllabe qui l'emporte sur les autres, la dernière, dont l'accent appartient à la première (accent grammatical renforcé) ou à la seconde subdivision de la première catégorie.

Note sur l'e dit muet.

L'e dit muet constitue une difficulté très formidable en apparence. Mais peut-être la difficulté est-elle plus apparente que réelle. D'abord l'e dit muet ne l'est jamais, sauf *peut-être* lorsqu'il est élidé devant une voyelle suivante[1].

L'e muet à l'intérieur d'un mot a presque toujours dans le style élevé une pleine valeur syllabique, sauf dans quelques mots où il n'a aucune valeur phonétique, subsistant seulement dans l'orthographe, comme : *carrefour*.

L'e muet dans un monosyllabe ne nous retiendra pas. Il a toujours dans le style élevé une pleine valeur syllabique, à moins qu'il ne soit élidé devant une voyelle suivante, par exemple : *je, le, se, me, te, ne, que* (et *quelque*), etc.

C'est l'e dit muet dans la dernière syllabe d'un mot de plus d'une syllabe qui présente le plus de difficulté. S'il y a des cas où l'e muet non élidé se prononce *toujours*, dans le style élevé, dans la dernière syllabe d'un mot, par exemple :

(1) Quand il est suivi, dans un autre mot, de la même

---

[1] Cp. Brémont : *L'Art de Dire les Vers*, Paris, 1903, p. 146.
« Dire mal les vers, c'est prononcer tous les e muets *également* comme les petits enfants qui récitent leur fable, mais c'est encore et surtout ne jamais les prononcer et les considérer comme quantité négligeable. »

consonne ou groupe de consonnes qui le précède, avec ou sans l'intervention d'un s[1].

[Remarquez que t, d comptent ici comme une seule et même consonne[2].]

(2) Quand, suivi d'un s qui fait liaison avec le mot suivant, il est précédé ou d'un s ou d'une autre consonne qui ne peut pas se prononcer avant le s sans l'intervention d'une voyelle, par exemple g[3].

[Remarquez que je ne dis pas tout simplement « quand il est suivi d'un s qui fait liaison avec le mot suivant ».]

---

[1] Par exemple :

Et dans son cœur rongé d'une *sourde détresse*...
Mais quand tes prêtres, loups aux *mâchoires robustes*...
(Leconte de Lisle.)

Jusqu'où ne *grimpe pas* ton pauvre amour de chèvre...
(Verlaine.)

Aigles, lions et chiens et les reptiles souples...
Et les *femmes marchaient* géantes, d'un pas lent...
(Leconte de Lisle.)

[2] Par exemple :

Émergeant de la cuve *ardente de* la mer...
(Leconte de Lisle.)

[3] Exemples s s :

Et que sonnent les angelus *roses et noirs*...
(Verlaine.)

g s :

La musique de mes *louanges à* jamais...
(Verlaine.)

Aux *anges endormis* à l'ombre des palmiers...
(Leconte de Lisle.)

ch s :

O fruits divins, tombez des *branches éternelles*...
(Victor Hugo.)

(3) Quand il est précédé d'un des groupes de trois consonnes, *ffl*, *rdr*, *mbr*, *ttr*, *ntr*, etc.[1].

Si, dis-je, dans ces cas (et dans d'autres) l'*e* dit muet a toujours une pleine valeur syllabique, il y en a d'autres où l'usage varie beaucoup. Sans compter le cas où l'omission de l'*e* syllabique pourrait rapprocher trop de consonnes, ou confondre un pluriel avec un singulier, surtout dans un cas de liaison de l's du pluriel, il y a le cas suivant :

Quand la syllabe y contenant l'*e* muet sépare deux syllabes accentuées, on prononce assez souvent l'*e* muet pour éviter le rapprochement de deux accents, surtout quand le mot contenant l'*e* muet est monosyllabe, à moins qu'il ne se laisse facilement subordonner au mot suivant, ou qu'il soit assez important pour former un groupe logique à lui seul[2].

---

[1] Exemples :

> Le *souffle* des dormeurs dont l'œil ouvert reluit...
> > (Leconte de Lisle.)
> Suinter la terreur vague et *sourdre* l'épouvante...
> > (Leconte de Lisle.)
> Les constellations, *sombres lettres* de feu...
> > (Victor Hugo.)
> Pendant que *l'ombre* tremble et que l'âpre rafale...
> (Ce vers illustre également la première règle ci-dessus).
> > (Victor Hugo.)
> *Antre* des Violents, citadelle des Forts
> > (Leconte de Lisle.)

[2] Voir Brémont, *op. cit.*, p. 167, à propos des mots *vers l'éternelle nuit*, dans le vers :

> Nous marchons sans flambeaux vers l'éternelle nuit.

« Ici — c'est à faire frémir — j'ai entendu dire :

> vers l'éternell' nuit.

C'est bien la peine d'avoir de si belles sonorités à dépenser pour n'en tirer aucun parti. Il est vrai qu'on n'apprend pas cela au Conservatoire ! »

Cependant l'*e* muet n'a pas de valeur syllabique
devant une pause où la voix n'est pas seulement sus-
pendue mais arrêtée. La valeur temporelle du mot reste
la même. Car en ce cas et dans tous les cas où l'*e* dit
muet n'a pas de valeur syllabique, *la syllabe précédente se prolonge ou se fait suivre d'une pause*[1].

---

[1] Voir de la Grasserie, *op. cit.*, p. 304-308. J'y relève les constatations suivantes :

« L'*e* muet... se conserve... par *l'effet qu'il produit sur la syllabe
précédente* au moyen de la règle phonétique de compensation. Cette
loi consiste en ce que, si un son vocalique disparaît, il laisse son em-
preinte sur la syllabe précédente, de manière à allonger cette syllabe
et à modifier sa tonalité... Si la voyelle précédente est brève, l'*e*
muet l'allonge et y introduit un accent à la fois ascendant et descendant. »

Voir aussi Brémont, *op. cit.*, p. 148 et p. 162-3. « Voyez combien ceci
est difficile à dire :

> O soldats de l'an deux ! O guerres ! Épopées.
>
> (V. Hugo.)

Il faut faire la liaison, et c'est affreux ! S'il y avait par exemple :

> Batailles ! Épopées,

le temps fort, frappé dans le prolongement aisé du mot « batailles »,
ferait disparaître en partie la difficulté, et la liaison, en s'escamotant
plus facilement, deviendrait moins désagréable ! »

A propos du vers :

> Ma fille, va prier. — Vois la nuit est venue.

il dit : « Les deux *l* ne rejoignent le *v* qui suit qu'après ce que j'ap-
pellerais un léger *déclanchement*, et c'est ce déclanchement qui, précisément, sert à suggérer l'*e* muet : au moment même où l'on va
émettre la voyelle, on l'escamote, pour ainsi dire, mais elle a été
absolument *préparée* après les deux *l*. » Il ajoute : « Dans la pièce
célèbre de L. Bouilhet : *A une femme*, on trouve cette strophe admirable :

> Tu n'as jamais été, dans tes jours les plus rares,
> Qu'un banal instrument sous mon archet vainqueur,
> Et comme un air qui sonne au bois creux des guitares
> J'ai fait chanter mon rêve au vide de ton cœur !

Tout l'art de dire ce dernier hémistiche est dans l'allongement sur
le mot « vide », sans lequel on serait obligé de prononcer « au vid' de

Cette diversité s'explique peut-être par la supposition que l'*e* muet dans la pseudo-syllabe suivant la syllabe accentuée d'un mot n'est que le signe d'un prolongement de cette dernière au delà de l'accent[1]. Ce prolongement se ferait sentir (1) comme une pause (2), comme une syllabe *sourde* ou (3) comme un véritable prolongement selon le cas. Ces trois cas correspondraient aux cas (3) (1) et (2) de Brémont (p. 154) respectivement.

Les groupes grammaticaux produits par la décomposition d'un membre de phrase sont, nous l'avons vu, de deux catégories, ceux à la fin desquels la voix s'arrête et ceux où elle ne fait que se suspendre. Si une syllabe contenant un *e* muet se trouve à la fin d'un groupe de la seconde catégorie dans une position où il garde sa valeur syllabique, le phénomène se présente d'un mot qui se partage sur deux groupes logiques. L'*e* muet remplit la pause entièrement et s'attache au groupe

---

ton cœur », ce qui est affreux et incorrect, et ce qui, d'autre part, enlève au vers toute son énergie, car ce prolongement sera, fatalement, préparé par une articulation expressive sur le *v* du mot « vide ».

[1] La conduite des concomitants physiques de l'accent, dans ce cas, donnera peut-être raison à de la Grasserie quant à l'influence de la suppression de l'*e* muet syllabique sur la tonalité de la voyelle précédente.

Saran cite à ce propos Lubarsch sur la prononciation de Théodore de Banville (*op cit.*, p. 238) : « In Banvilles Vortrag (*Les Stalactites*) wirkten sämtliche weibliche Endungen silbenbildend und zwar eine beträchtliche Anzahl, unter Verstummung des *e*, nur durch verlängerte Vibration ihres konsonantischen Anlautes. Oft aber trat nicht einmal letztere ein, sondern statt ihrer wurde vom Vorleser eine leichte Pause, ein halber Ruhepunkt der Stimme hinter der der weiblichen Endung vorhengehenden Wortsilbe als Uebergang zum Anfang des neuen Wortes eingeschaltet... Dieses Vortragsmittel setzt den, der es zum erstenmale anwenden hört, zunächst in nicht geringe Verlegenheit, bis er sich des Vorganges bewusst wird : denn er sagt sich, die Silbe wurde nicht gesprochen und sie war doch vorhanden. »

logique suivant[1]. En tout cas, soit que l'*e* muet se prononce comme une syllabe, soit qu'il allonge la syllabe précédente, *il se fait valoir temporellement et garde son importance métrique.*

C'est probablement l'avis de Psichari. Bien qu'il dise, se plaçant *au point de vue d'un syllabisme strict :* « Il ne faut pas compter comme vers de douze syllabes les vers où il y a des *e* muets et où entrent, par exemple, ces petits mots *le, ne, de, que.* L'*e* muet ne se prononce en français que dans le seul cas où sa disparition amènerait la rencontre de trois consonnes [2] », il recommande « la recherche des lois d'après lesquelles la compensation de la mesure absente serait obtenue tantôt par le silence, tantôt par l'allongement de la voyelle qui précède [3] ».

En anglais, le groupe grammatical ne se termine pas nécessairement, non plus que le mot isolé, par une syllabe accentuée. Tous les accents d'identité (excepté l'accent secondaire de l'*y grec* final) se font valoir à l'égal l'un de l'autre *dans le groupe* [4]. Il ne peut se présenter aucune difficulté que dans les cas suivants :

---

[1] Dans le cas d'un *prolongement,* la partie de la syllabe accentuée prolongée au delà de l'accent remplira également la pause (ou une partie de la pause) et s'attachera le plus naturellement au groupe logique suivant.

[2] *Revue Bleue,* 6 juin 1890 (cité par Brémont).

[3] *Ibid.* (cité par Bibesco, *op. cit.,* p. 18).

[4] Les syllabes qui s'attachent à chaque accent se séparent des autres *groupes accentuels* par une pause, soit d'arrêt, soit de suspension, comme entre les groupes grammaticaux. Liddel, veut que ce soit une règle générale de la langue anglaise que « if one impulse of a group catches a full stress, the impulse which follows next but one will receive a secondary stress » (*op. cit.,* p. 219). Il faut préciser un peu la pensée de Liddell. Sa règle est évidemment fausse à moins d'être restreinte à un seul *groupe accentuel.* Le mot *impenetrability* démontre sa fausseté. La syllabe *-pen-* est pleinement accentuée sans

I. Deux accents d'identité se suivent immédiatement.

Dans ce cas deux accentuations différentes sont également usitées :

(1) Le premier accent se subordonne au second.

(2) Le second accent se subordonne au premier.

II. Dans le cas cependant où *un de ces accents* appartient à un mot emphatique, les deux accents se séparent par une pause, bien que celui du mot emphatique ressorte le plus [1].

Exemples :

>Líke ∧ *hardiment* Posthumus hath
>To Cymbeline performed
>　　　　　(Shakespeare : *Cymbeline*, V 4.)

>*Some* ∧ *mórtally, some* ∧ *slightly,* touch'd, *some* ∧ *fálling*
>Merely through fear
>　　　　　　　　　　　　d° V 3.

>To darkness *fléet* ∧ *souls* that *fly* ∧ *báckwards*
>　　　　　　　　　　　　d° V 3.

que la syllabe -*tra*- ressorte le moins du monde. C'est que ce mot forme deux groupes accentuels. Les mots *a stressed impulse* démentent également la règle de Liddell. La syllabe *im*- est pleinement accentuée; la syllabe *a* est pourtant tout à fait dénuée d'importance accentuelle. C'est qu'il intervient une syllabe accentuée. L'Anglais partagera volontiers ces mots sur deux groupes accentuels, à moins qu'il ne supprime l'accent de *stressed*, ou même celui de *im*-, reportant l'accent de cette dernière syllabe sur -*pulse*. L'accentuation anglaise est pleine d'imprévu.

[1] C'est le cas que vise Patmore lorsqu'il dit : « Adjacent accents occur so seldom, that bad readers are apt to sink one of them when they do occur, or at least to abbreviate the decided intervening pause, which the ear, even of the reader who neglects to give it, must instinctively crave » (*op. cit.*, p. 227). Il pense (p. 240) que « the pauses between adjacent accents... are of much greater duration than is given to most of the *stops* ». Il cite, comme exemple, le passage suivant : « There are spots in your feasts of charity, when they feast with you, feeding themselves without fear. Clouds they are without water, carried about of winds : trees whose fruit withereth, without fruit : twice dead, plucked up by the roots ; raging waves of the sea, foaming out their own shame; wandering stars, unto whom is reserved the blackness of darkness for ever » (p. 226).

Les mots composés rentrent dans ces deux catégories I et II, surtout I ; la prononciation septentrionale [1] (ou écossaise) les assigne volontiers à la seconde, la méridionale (ou anglaise) à la première. Liddell [2] donne les règles suivantes pour leur accentuation : (1) « La syllabe accentuée du premier élément des noms ou des adjectifs composés; par exemple : *black-mail, sideboard, table-cover, rosy-fingered, morocco-bound* book, *three-volume* novel, etc. [3], et (2) la syllabe accentuée du second élément des verbes composés, par exemple : *unfold, undertake, uprear*, sont fortement accentuées. Mais, ajoute-t-il, l'accentuation normale des deux catégories de mots tend à s'altérer sous l'influence de l'analogie entre les noms et les verbes composés [4]. (3) Dans les mots composés incomplètement assimilés à un seul mot, un accent secondaire [5] frappe l'élément sans accent primaire [6]. »

---

[1] J'accentue *téa | pót*. Je connais des Anglais qui accentuent *téapot* où -*pot* est tout à fait aussi faible que la seconde syllabe de *sínful* ou de *rébel* (substantif).

[2] *Op. cit.*, p. 227 et suiv.

[3] Cp.:

> Under the shady roof
> Of branching elm star-proof.
>
> (Milton : *Arcades.)*

> That drug-damned Italy hath out-craftied him.
>
> (Shakespeare : *Cymbeline,* III 4.)

[4] « But these is a constant interplay of analogy between compound verbs and compound nouns, which does much to alter the normal stress conditions of both. »

[5] « In compound words, where the two parts are felt to be two different words, a secondary stress falls upon the element not primarily stressed. »

[6] Il ne me semble pas que j'entende en général une différence accentuelle sensible entre les accents primaires et ceux dits secondaires en anglais, sauf dans le cas que j'ai relevé des mots se terminant par

4

Selon Mayor (*op. cit.*, p. 2) : « Dans un mot composé incomplètement assimilé à un seul mot (a half-formed compound), signalé généralement par l'emploi d'un trait d'union..., il est possible qu'un dissyllabe ait deux accents. »

Mayor et Liddell négligent cependant tous deux l'élément de pause.

La prononciation écossaise s'expliquerait donc par le fait qu'en écossais les deux éléments du mot composé n'ont pas été complètement assimilés à un seul mot.

Il faut remarquer que :

(1) Si dans le cas I un accent se subordonne à un autre, il ne perd pas toute sa valeur accentuelle et ne rentre pas tout à fait dans la catégorie des syllabes sans accent.

(2) *(a)* L'accent renforcé dans le cas II est plus fort que l'accent normal, et *(b)* l'accent subordonné garde sa valeur normale.

(3) *Les syllabes qui n'ont pas d'accent d'identité dans les mots isolés n'en reçoivent jamais,* l'accent d'emphase renforçant toujours l'accent d'identité primaire — *sauf dans un seul cas :*

Il s'agit quelquefois de faire ressortir un préfixe, etc., ordinairement sans accent. La syllabe avoisinante a presque toujours un accent d'identité qu'on ne peut pas supprimer. Le mot se voit alors partager entre deux groupes accentuels, séparés comme le sont toujours ces groupes, de même que les groupes grammaticaux, dont ils sont les subdivisions, par une pause.

---

y grec. Tous deux me semblent constituer des accents principaux de groupe accentuel. Mais il ne faut pas trop vouloir astreindre l'accentuation anglaise à des règles sommaires.

Par exemple :

recúr, ré.| cúr
impénetrable, ím | pénetrable

Il y a ainsi en anglais les catégories suivantes d'accents, dont un seul groupe accentuel peut, théoriquement au moins, contenir une ou toutes, outre les syllabes dites sans accent.

O accent renforcé (2 *a*, p. 50).

I accent d'identité normal (soit accent grammatical proprement dit, soit accent dit secondaire, soit 2 *b*, p. 50).

I *a* accent II ci-dessus.

II accent (1), p. 50.

III accent secondaire *(y grec)*.

Il y a ainsi en anglais très souvent deux ou plusieurs syllabes de la même valeur accentuelle dans le groupe grammatical. On ne peut donner aucune règle *à priori* pour la position de ces syllabes accentuées [1].

Les syllabes non accentuées se partagent bien sur plusieurs catégories, tant en français qu'en anglais (mais surtout en anglais où la gamme de l'accent est très étendue) ; mais cette classification, très difficile d'ailleurs à faire, n'aurait aucune valeur pour les buts ici proposés.

Le groupe grammatical français correspond ainsi à un *groupe accentuel*, avec l'*accent principal* sur la dernière syllabe. Il n'en est rien en anglais : le groupe

[1] Toutes ces règles, tant pour le français que pour l'anglais, se voient légèrement modifiées par la considération suivante : Quand un accent de la catégorie la plus accentuée est précédé d'un accent de la catégorie immédiatement inférieure, et ainsi de suite — au-dessous de la seconde et troisième catégorie il me semble qu'on peut négliger cette influence perturbatrice — il perd un peu de son relief accentuel.

grammatical peut contenir plus d'un groupe accentuel, chacun avec un accent principal, dont la position varie selon les mots ou parties de mots qui composent le groupe accentuel.

Chaque groupe accentuel a son accent principal et peut avoir d'autres accents correspondant aux diverses catégories établies ci-dessus, 1, 2, 3, 4, 5 en français et O, I, Ia, II, III, IV en anglais. L'accent principal aura toujours la valeur 1 en français et O ou I en anglais, et les autres accents la valeur 2, 3, 4, 5 en français et I, Ia, II, III, IV en anglais [1].

Si l'on indique l'accent principal toujours par α dans les deux langues, les autres accents s'échelonneront selon la série $\beta\ \gamma\ \delta\ \epsilon$ etc. Mais la valeur de l'accent principal peut varier, selon *la position accentuelle* [2] (importance, etc.) dans la phrase du mot qu'il frappe. Il y a donc des séries accentuelles :

$$\alpha\ \beta\ \gamma\ \delta\ \epsilon$$
$$\alpha'\ \beta'\ \gamma'\ \delta'\ \epsilon'$$
$$\alpha''\ \beta''\ \gamma''\ \delta''\ \epsilon''\quad \text{etc.}$$

[1] Un accent subordonné n'aura jamais la valeur I en anglais que lorsque l'accent principal a la valeur O.

[2] On pourrait établir des rapports entre la position accentuelle d'une syllabe et l'*intonation* de la phrase. Il y a des *périodes tonales* dans chaque phrase ou groupe de phrases. Le ton monte, reste égal, descend selon un schéma périodique, dépendant du sens de la phrase ou groupe de phrases; chaque *période tonale,* durant laquelle le ton *ou* monte, *ou* descend, *ou* reste égal, comprend plusieurs groupes accentuels. La valeur accentuelle de l'accent principal s'augmente dans une série de groupes accentuels embrassée dans une période tonale montante, décroît dans une période descendante et reste la même dans une période de tonalité égale. Il y a toute une théorie à développer sur cette question. Il suffit de relever ici le fait que la valeur de l'accent principal restera la même pendant toute la durée de chaque groupe logique (grammatical).

Il y a une *pause*, de valeur temporelle variable selon le cas, entre les groupes accentuels ; *il n'y en a jamais ailleurs*.

Les pauses se trouvent donc *en français* seulement entre les groupes grammaticaux, et *en anglais* :

(1) entre les groupes grammaticaux ;

(2) à l'intérieur des groupes grammaticaux, même à l'intérieur d'un polysyllabe.

En français, d'ailleurs, une pause est toujours précédée immédiatement d'un accent principal, tandis qu'en anglais, une ou deux syllabes sans accent peuvent intervenir.

Il résulte qu'en français un mot n'est jamais, sauf dans le cas de l'*e* dit muet avec valeur syllabique à la fin d'un mot, partagé entre deux groupes accentuels. *En anglais*, au contraire, la division en mots est très souvent contrariée par la division accentuelle. Les avis si divers de Passy et des phonéticiens allemands se laissent donc assez bien concilier. Passy[1] croit que « jamais ou presque jamais un mot n'est partagé sur deux groupes de force ». Il contredit ainsi l'opinion de Sievers qu'approuve Saran[2].

---

[1] Paul Passy : *Étude sur les Changements Phonétiques*, Paris, 1891, p. 64.

[2] Saran, *op. cit.*, p. 332 :

« Die rein phonetisch rhythmische [richtiger : accentuelle] Gliederung des gesprochenen Satzes darf nicht mit der logisch-etymologischen Zerlegbarkeit des Satzes in Wörter gewechselt werden. » Vietor abonde dans le même sens que Sievers. Selon lui (*Phonetik*, p. 266) : « Oft fallen Sprechtakt und Sprachtakt zusammen, oft durchkreuzen sie einander. » Il parle plus loin (p. 267) de « Sprachtakte, die nicht zugleich Sprechtakte sind ».

II

Le rythme et le mètre ou des rapports entre l'élément psychique et l'élément métrique dans la versification.

I

CONSIDÉRATIONS GÉNÉRALES

La phrase forme ainsi, en prose comme en poésie, un dessin rythmique composé de groupes accentuels plus ou moins longs séparés par des pauses plus ou moins longues; dans lesquels, sans qu'on tienne compte du ton qui monte et qui descend, certaines syllabes « ressortent » plus que d'autres, celles dites plus ou moins accentuées.

Les groupes accentuels avec leurs accents et les pauses qui séparent les groupes l'un de l'autre sont les matériaux dont se sert le poète dans sa qualité de métricien. Il peut choisir et arranger ses matériaux phonétiques de sorte que *chaque groupe accentuel avec la pause qui le précède ou qui le suit*, selon le cas, *ait la même durée.* Il fait ainsi des vers où *la division accentuelle correspond à la division temporale.* C'est là le cas le plus simple du mètre. Chaque groupe accentuel avec la pause précédente ou suivante occupe une période temporelle. *Il y a correspondance absolue du rythme avec le mètre.* L'alexandrin français classique était, en général, un vers de ce type. A chaque période temporelle correspondait un groupe accentuel avec la pause qui le précédait. Par exemple le vers de Molière :

> Si le don de ma main peut contenter vos vœux

se décompose en quatre périodes temporelles qui correspondent aux groupes accentuels :

Si le don, de ma main, peut contenter, vos vœux, chacun avec la pause plus ou moins longue qui le précède.

Les accents principaux des groupes servent à marquer l'ictus et à mesurer ainsi les périodes égales de durée; l'ictus se battant toujours sur la dernière syllabe de chaque période temporelle.

La correspondance absolue du *mètre* [1] avec le *rythme* ne se présente pourtant que très rarement *comme règle de tout un poème* dans le français contemporain, jamais ou presque jamais en anglais moderne. Le plus souvent *il n'y a dans chaque vers que quelques périodes temporelles qui correspondent à un groupe accentuel.* Un groupe accentuel forme plus d'une période, se terminant à la fin ou même à l'intérieur d'une période temporelle. Une période temporelle peut même contenir plus d'un groupe accentuel. Dans le premier cas les périodes sont marquées par des accents de moindre relief que les accents principaux, l'ictus restant toujours

---

[1] Je ne trouve rien de mieux que ces deux mots comme termes techniques, malgré l'avertissement de Wulff (*Värsbildning*, p. 33, note) que le terme « meter... är misstydigt ».

sur la dernière syllabe de chaque période, ou sur la première, selon le cas.

L'ictus sert à mesurer la division en périodes égales de temps. Il doit ainsi se battre toujours à des intervalles égaux. Or l'accent (principal ou autre) qui marque l'ictus se trouve toujours *en français* sur la dernière syllabe de chaque période temporelle. *La pause qui suit l'accent* (s'il y en a une), de valeur variable selon les exigences du rythme, *compte* ainsi *dans la période suivante. En anglais* l'ictus se battant sur la première ou sur la dernière syllabe-de chaque période temporelle selon le système choisi par le poète, *une pause compte ou dans la période précédente ou dans la suivante selon le cas.*

Le schéma métrique peut se compliquer d'une autre façon, tout à fait indépendante[1] de la plus ou moins stricte correspondance des groupes accentuels avec les périodes temporelles. Le nombre de syllabes dans chaque période temporelle peut être fixé ou limité d'une manière arbitraire. Le *blank verse* anglais dans sa forme syllabique est un exemple d'un mètre où le nombre de syllabes dans chaque période temporelle est limité de cette façon. La substitution dite anapestique, le phénomène dit « *inverted feet* » (Taktumstellung), produisent des périodes temporelles d'une et de trois syllabes, jamais plus ; et encore faut-il que cette équivalence se conforme à certaines règles qui la restreignent considérablement[2]. *L'alexandrin* français est un autre exemple d'une pareille limitation. Chaque période temporelle peut contenir deux, trois ou quatre, même

[1] Voir cependant Wulff : *Om Värsbildning*, p. 33, cité plus loin.
[2] Voir ci-dessous III (2) *Le syllabisme et le non syllabisme*.

quelquefois une ou cinq syllabes, mais à condition
que les deux premières périodes de chaque vers contiennent toujours six syllabes, et les deux dernières
également six, de sorte que le vers contienne douze
syllabes, sans compter la syllabe dite muette des vers
féminins.

Des exemples d'un syllabisme absolu, où le nombre
des syllabes dans chaque période est absolument fixe,
ne se présentent que très rarement dans l'anglais contemporain. Le *blank verse* classique de Pope en est
très rapproché. Mais dans la plupart des poèmes beaucoup de vers sont *absolument* syllabiques. Il le faut
pour sauvegarder le mètre. L'alexandrin de l'ancien
français était probablement dans ses commencements
absolument syllabique.

Deux propositions ressortent de ces considérations :

(1) Le mètre est distinct du rythme.

(2) Le système métrique de l'anglais comme du
français est basé sur la mesure de périodes égales de
temps, l'accent servant à marquer et faire ressortir cette
division [1].

On ne saurait trop nettement faire la distinction entre
le *mètre* et le *rythme*. Souza[2], en relevant une erreur
de Guyau[3], a très bien saisi cette distinction, qu'il

---

[1] Ou plutôt à rendre l'ictus qui marque et fait ressortir la division
capable de s'extérioriser. L'ictus est idéal, si l'on veut, *imaginaire*.
Il a besoin d'une syllabe accentuée, c'est-à-dire, mise en relief, pour
s'extérioriser. La syllabe accentuée a une longueur définie, des rapports de ton et d'intensité connus, — mais cela ne regarde pas l'ictus,
que l'on doit se figurer comme se battant, sans qu'il occupe aucun
espace de temps, si court qu'il soit, au commencement ou à la fin de
la syllabe, selon le cas.

[2] *Op. cit.*, p. 129.

[3] Voir ci-dessous III, (5), *Le trimètre romantique.*

n'applique pas, du reste, dans son propre système : « Le rythme, explique-t-il, est une régularisation du mouvement (autrement dit : d'une force qui, agissant sur une suite de sons, rend leur succession perceptible en déterminant des groupements caractéristiques) à des intervalles plus ou moins égaux et suivant des desseins infiniment variés. La mesure (le mètre) est une régularisation de la durée des sons en dehors de toute combinaison mélodique ou rythmique. Ce sont donc deux entités absolument distinctes. » *Le mètre est donc un arrangement spécial des éléments rythmiques* ; à part cela il n'a aucun rapport avec le rythme. Le mètre et le rythme sont deux groupements distincts qui s'accordent, il est vrai, assez souvent, mais pour se séparer aussitôt de nouveau. Le mètre ne peut exister sans un arrangement temporel des éléments rythmiques. « La *mesure,* selon Mockel[1] (il entend par *mesure* l'élément métrique, la période temporelle ou pied), est un *nombre* qui forme une *division constante de la durée.* Le *rythme* est une série de mouvements successifs indépendants de la mesure, mais qui souvent s'arrêtent aux limites de celle-ci ou de ses multiples... Obéissant à un nombre invariable, existant en elle-même, indépendamment de nous, la mesure est donc *objective* par rapport au rythme libre et spontané. » Guyau même croit que le vers est « à la fois un système de sons vocaux (c'est-à-dire de mouvements physiologiques) et un système de pensées ou d'émotions[2] ». C'est là une expression *très imparfaite* de la distinction entre le rythme et le mètre. Le point de vue est, d'ailleurs, différent.

---

[1] Albert Mockel : *Propos de Littérature,* Paris, 1894, p. 86, note. Un livre qui donne beaucoup à penser.

[2] Guyau, *op. cit.,* p. 173.

R. de la Grasserie est plus clair. Il établit formellement
la distinction entre *trois sortes de rythme : psychologique,* lexicologique, *phonétique.* La seconde peut être
écartée, n'ayant nulle valeur analytique. Les deux
autres correspondent au *rythme* et au *mètre.* Voici
comment il les définit[1] : « Le système est *phonétique*
lorsqu'il consiste principalement, ou qu'on le considère
comme consistant dans un accord soit des sons, soit de
la mesure, que cette mesure s'applique au nombre des
syllabes, à celui des accents ou à celui des moments de
temps, c'est-à-dire dans un accord soit qualitatif, soit
quantitatif de phonèmes (*côté symétrique*) ; ou dans une
division égale du temps et une répartition égale ou pro-
portionnelle des éléments rythmiques entre ces divisions
(*côté temporal*); dans tous les cas, il s'agit des sons du
langage, abstraction faite de la signification, abstraction
faite aussi de la réunion en un seul mot ou de la division
en plusieurs. . . Le rythme est *psychologique,* lorsque
c'est principalement ou exclusivement la pensée qui le
compose, abstraction faite de son expression, des mots
employés et aussi des sons, ou lorsque ceux-ci n'inter-
viennent que pour un rôle secondaire. Un exemple frappant de rythme purement psychologique, c'est celui qui
consiste à opposer à une pensée une autre pensée *antithé-
tique,* c'est ce qu'on appelle le *parallélisme : que la
lumière soit et la lumière fut.* Il n'existe pas encore de
vers, mais seulement des *incises* dans la phrase[2]. » Il
ajoute[3] : « Ainsi le rythme peut n'exister que dans la pensée ou résider surtout en elle. . . ; il peut être. . . surtout
dans les *sons,* ou n'être qu'en eux, ce qui justifie notre

---

[1] R. de la Grasserie, *op. cit.,* p. 20.
[2] Cp. la poésie de Walt Whitman.
[3] R. de la Grasserie, *op. cit.,* p. 21.

nomenclature en rythme pyschologique..., rythme
phonétique. Souvent, et en français dans le système
classique, ils se trouvent réunis..., c'est le *rythme
parfait* ou *intégral*. Ils peuvent. aussi apparaître
démembrés ; ce démembrement peut d'ailleurs n'être
que momentané ; les... rythmes voyagent quelque
temps séparément pour se réunir ensuite. » Le mètre
est donc un arrangement des éléments déjà existants
de la parole. Il ne leur fait pas violence. Le mètre est
distinct du rythme, mais *il ne lui est pas imposé de
l'extérieur.* L'un n'est pas plaqué tant bien que mal sur
l'autre. Tous deux sont nés ensemble. « *La poésie*[1] *et le
chant parfaits ne sont en réalité rien de plus que des
discours parfaits sur des sujets élevés et touchants.* »
Le mètre ne crée pas les éléments rythmiques ; il les

---

[1] C. Patmore, *op. cit.*, p. 233. Il ajoute : « En règle générale, le
chant et la déclamation moderne sont également éloignés de cette
juste moyenne dans laquelle ils se fondent et s'unissent. Dans le
chant, nous avons graduellement donné tant d'extension aux gam-
mes et au changement de temps que c'est *un simple non-sens ;* car
de telles variations de ton et de temps ne correspondent à aucune
profondeur ou changement de sentiment dont le cœur humain ait
conscience. L'instinct populaire *permanent,* qui est toujours la meilleure preuve de la vérité dans l'art, reconnaît la fausseté de ces
extrêmes. » Grétry peut bien demander : « N'avons-nous pas remarqué que les airs les plus connus sont ceux qui embrassent le moins
d'espace, le moins de notes, le plus court diapason ? Voyez, presque
tous les airs que le temps a respectés, ils sont dans ce cas. Les insuf-
fisances musicales de la récitation usuelle ne sont pas, à beaucoup
près, aussi inexcusables que les extravagances de la plupart des
chansons modernes. Les personnes qui disent *parfaitement* la belle
poésie sont aussi rares que les bons chanteurs et les bons compositeurs, pour la raison majeure qu'ils *sont* de bons compositeurs et de
bons chanteurs, quoiqu'ils l'ignorent, à cause du divorce, peu naturel, de la raison et du son. Ce qui est considéré à l'ordinaire comme
bonne diction — ce qui, en vérité, l'est, quand on le compare avec
le style morne de la plupart des déclamateurs — manque infiniment
du sens musical des vers vraiment beaux. »

trouve et s'en sert. Je ne parle pas des chansons, chan-
tées selon la mode contemporaine. « Quand la poésie
anglaise [1], dit Liddell, est adaptée à la musique, on
donne aux ondes sonores une durée artificielle allant
avec la musique. Que ce soit une division artificielle du
temps est rendu évident par le fait qu'une seule hymne
peut être chantée sur des airs différents, etc. »

Sous ce rapport les diverses théories métriques se
rangent en deux groupes :

(1) Celles qui distinguent le *rythme* d'avec le *mètre*,
mais qui semblent admettre que le *mètre* peut être
imposé de dehors au rythme et ainsi le dénaturer.

(2) Celles qui n'admettent pas que le rythme puisse

---

[1] Voir Liddell, *op. cit.*, p. 172-3 :

« When English poetry is set to music, the impulses are given an
artificial time-duration to suit the music. That it is an artificial appor-
tionment of time is evident from the fact that a single hymn can be
sung to a number of different tunes in which a given thonght-impulse
may have a number of different time-values. In *Lead, Kindly Light*,
for instance, as the words are sung to Dyke's *Lux Benigna* the time

series is ♪ ♪ ♪ ♪˙ ; as sung to Peace's *Lux Beata*, it is

♩ ♩ ♩ ♩˙ . The element which determines musical phrasing
when poetry is set to music is rhythm [Liddell veut dire *valeur relative des accents*], not time, and even this is sometimes altered to fit
the rhythm of the music: in Wesley's hymn which begins " Blow ye
the trumpet, blow " the verses

> " The gladly solemn sound
> Let all the nations know
> To earth's remotest bound "

are each phrased in Edson's *Lenox*,

♩ | ♪ ♪ ♪ ♪ | ♩

giving secondary stresses to the normally unstressed words " The ",
" Let ", and " To ", and reducing the primary stresses of " sol- ",
" na- ", " mo- ", to the secondary grade, with a total disregard of
the quantity and a very striking modification of the normal rhythmic
sequences of the sound-impulses. »

être dénaturé par le mètre, mais qui ne font pas la distinction nécessaire entre les éléments rythmiques et métriques.

Cependant les deux lois fondamentales de la versification sont celles-ci :

(1) Le rythme et le mètre sont deux entités distinctes.

(2) Le mètre ne doit pas dénaturer le rythme.

Il est évident, d'après ces lois, que :

(1) Toutes les pauses rythmiques, quelle qu'en soit la nature, compteront comme éléments métriques.

(2) Il n'y aura pas dans une période temporelle de syllabe sans ictus plus accentuée que celle sur laquelle l'ictus se bat.

La version anglaise des Psaumes de David est en prose (l'écossaise est métrique). L'Église anglicane leur a cependant plaqué pour les besoins du service divin un schéma métrique dénaturant tout à fait leur mouvement rythmique. Il en est de même des autres cantiques, par exemple : *Te Deum Laudamus, Benedicite Omnia Opera, Benedictus, Magnificat, Nunc Dimittis*, etc., contenus dans le livre d'office de cette Église.

Considérons par exemple le psaume 95, *Venite Exultemus Domino :* les deux premiers versets sont :

1. O *Come, let us* | sing | unto the | Lórd : *let us heartily re* | jóice in the | stréngth of | óur sal | vátion.

2. *Let us come before his* | présence with | thánksgiving : *and* | shéw ourselves | glád in | hím with | psálms.

J'ai indiqué la disposition des accents et la division en périodes métriques : j'ai souligné la *récitation*. Il était évidemment trop absurde de vouloir soumettre le mouvement rythmique, sans ménagements, aux exigences d'un schéma métrique étroit. Aussi a-t-on

inventé la *récitation*. « Les mots, depuis le commencement de chaque verset et demi-verset jusqu'à la
première syllabe accentuée (indiquée dans le texte
publié par un signe spécial) s'appellent la récitation.[1] » La récitation est en dehors du mètre du cantique ; elle n'est pas fixée en durée ni en nombre de
syllabes. « Les mots doivent être récités soigneusement; mais on évitera de prolonger le ton de la récitation au delà du strict nécessaire. » Dans la pratique
les desservants escamotent autant que possible la
récitation.

Malgré ces précautions le mouvement rythmique ne
manque pas d'être entièrement dénaturé par le mètre
artificiel qu'on lui impose[2].

Par exemple :

5. *The* | séa is his | ánd he | máde it : *and his* | hánd pre | páred
the | drý | land.

où la discordance est frappante.

Elle est encore plus frappante dans quelques versets
du *Te Deum Laudamus*, par exemple :

2. *All the* | eárth doth | wórship | thée : | thé | Fáther | éver |
lásting.

4. *To thee* | Chérubin and | Séraph | ín : | cón | tínual | lý do | crý.

7. *The glorious* | cómpany ʌ óf the A | póstles : | práise | — | — |
thée.

(ici *praise* remplit trois périodes[3]).

---

[1] Je cite la préface de *The Cathedral Psalter*, Public School Edi-
tion.

[2] Le premier demi-verset du psaume est noté ainsi (j'omets la récitation) :

sing   un to   the   Lord.

[3] Le dernier demi-verset est noté ainsi :

Praise   thée

On voit bien que ce mètre est tout à fait extérieur et aurait pu être imposé à n'importe quelle série de mots. De même n'importe quel cantique aurait pu s'accommoder aussi bien à tout autre schéma métrique que celui qu'on lui a imposé[1].

Bridges fausse toute sa théorie de " Stress-rhythms " par une confusion très déconcertante de la division rythmique en groupes accentuels avec la division métrique en pieds. Il admet (Règle III) que « c'est une loi générale de l'accentuation... qu'une syllabe accentuée a un plus grand pouvoir de domination sur la syllabe qui est immédiatement à côté que sur la syllabe dont elle est séparée par une syllabe intermédiaire... (Règle IV.) Une syllabe accentuée a un très grand pouvoir de domination sur ses propres proclitiques et enclitiques, et elle les dominera de préférence, en négligeant la règle III, à moins qu'une autre règle ne l'interdise, comme c'est quelquefois le cas pour la règle V... Une syllabe accentuée ne dominera pas une syllabe pesante (heavy) qui est séparée d'elle par une autre syllabe; ou, en d'autres termes, une syllabe pesante doit être contiguë à la syllabe accentuée qui la domine[2] ».

Les règles[3] qu'il établit ne sont pas des règles de

---

[1] A part le fait qu'il ne s'occupe pas de l'élément temporel du mètre!

[2] Bridges, *op, cit.*, p. 94.

[3] Voir Bridges, *op. cit.*, p. 92, III :

« It is a general law of stress, ...that a stress has more carrying power over the syllable next to it, than it has over a syllable removed from it by an intervening syllable. »

P. 93, IV :

« A stress has a peculiarly strong attraction for its own proclitics and enclitics and... it will attach them by preference, and override rule III, unless forbidden by some other law, as it sometimes is by rule V. »

P. 95, V :

« A stress will not carry a heavy syllable which is removed from it

division métrique, comme il le prétend, mais de division
en groupes accentuels. Les " *common stress-units or
feet* " dont il dresse la liste[1] sont des schémas accentuels de groupes.

Cette confusion amène des perplexités telles que la
suivante : « Il se présente une question très difficile, qui
intéresse également toutes les unités dont la syllabe
accentuée est visiblement surchargée d'un côté ou de
l'autre, et que je trouve impossible de bien définir : à
savoir, jusqu'à quel point l'impossibilité pour une
syllabe accentuée de dominer toutes celles qui ont un
rapport grammatical avec elle, forcera la ou les syllabes
rejetées à se subordonner à une autre syllabe accentuée ;
ou, en d'autres termes, jusqu'à quel point les syllabes
accentuées peuvent d'une façon certaine dominer leurs
propres compléments métriques *indépendamment de la*

---

by another syllable; or thus, a heavy syllable must be contiguous
with the stressed syllable that carries it. » Etc.

[1] Voir Bridges, *op. cit.*, p. 97, § 12. Il donne la liste suivante :

[∧ = syllabe accentuée ∪ = syllabe sans accent
— = syllabe longue sans accent (*heavy*)]

∧ ; ∧∪, ∧— ; ∧∪, — ∧; ∪∧∪, — ∧∪, ∧∪ —, — ∧ — ;
∧∪∪, ∪∪∧ ; ∪∧∪∪, — ∧∪∪, ∪∪∧∪, ∪∪∧ — ; ∪∪∧∪∪.

Il appelle les « mid-stress trisyllabics » *britanniques !*

Remarquons en passant que les exemples cités par Bridges (p. 96)
comme violant la règle V (citée ci-dessus) sont certainement très osés,
pour ne pas dire mauvais. Mais ils sont peu métriques, non parce
que les syllabes *Each, Whilst, Like, Wrapped* sont *heavy*, mais parce
qu'étant frappées par l'accent principal d'un groupe accentuel elles
sont peu adaptées à leur position à l'intérieur d'une période temporelle.

Each and all like ministering angels were...
Whilst the lagging hours of the day went by...
Like young lovers whom youth and love make dear...
Wrapped and filled by their mutual athmosphere...
(Shelley: *Sensitive Plant.)*

grammaire. Je crois que la réponse est que cela dépend du genre de la poésie ; et cependant que dans le langage courant la grammaire doit se faire valoir très fortement, dans la haute poésie la grammaire cède la place à la versification. [1] »

Les *monopressures* de Skeat (*Chaucer*, vol. VI, p. LXXXII-XCVII) rentrent dans la même catégorie que les « unités accentuelles ou pieds » de Bridges[2].

---

[1] Voir Bridges, *op. cit.*, p. 102 :

« A very difficult question arises, which affects equally all those units where the stress is apparently overladen on one side or other, and concerning which I do not find it possible to make a clear definition : it is this, how far the refusal of a stress to carry the whole of its grammatical unit will cause the thrown off syllable or syllables to attach themselves to another stress : or, in other words, how far the stresses may be relied on to carry their proper metrical complements *independently of the grammar.* I believe the answer to be that this depends on the style in which the verse is written ; and while in colloquial language... the grammar must assert itself very strongly, yet in a higher poetic diction... the grammar readily gives way to the versification. »

[2] Voir Omond, *op. cit.*, p. 24 ; Bridges, *op. cit.*, p. 111.

LA THÉORIE ACCENTUELLE ET SES CRITIQUES

Liddell est le seul métricien qui ait soutenu avec conséquence la *théorie dite accentuelle* de la versification anglaise. Les autres métriciens de l'école accentuelle n'ont pas craint beaucoup d'inconséquences. Leurs systèmes sont un mélange confus de métrique temporelle et accentuelle, où les éléments métriques et rythmiques se trouvent inextricablement mêlés.

Par exemple Mayor, dont la thèse fondamentale est que « les vers anglais se distinguent de la prose anglaise par le retour régulier de l'accent[1] », ne se gêne pas pour admettre[2] *qu'une pause peut remplacer une syllabe.* D. Nichol Smith, métricien des plus orthodoxes, admet[3] également que l'omission d'une syllabe non accentuée se laisse expliquer par la présence d'une pause importante. L'omission plus rare d'une syllabe accentuée s'expliquerait de la même façon.

De même Bridges admet[4] que la longueur des syllabes

---

[1] Mayor, *op. cit.*, p. 1.

[2] *Ibid.*, p. 23 :

« At other times a pause takes the place of a syllable, as in Hamlet :

Forward | not per | manent. | Sweet | not lasting. »

[3] Dans son édition du *Roi Lear* (appendice B), Londres, 1902.

[4] *Op. cit.*, p. 95 : A propos du vers

Dawn on our darkness and lend us thine aid,

il dit : « Here are plainly two false quantities. *Dawn on our*, and *lend us thine* are very bad even for accentual dactyls. »

a son importance quelquefois. Ses observations à l'égard
des *heavy syllables* rentrent dans cette catégorie, surtout sa règle VI. « Une syllabe accentuée ne peut dominer qu'une syllabe pesante ou deux syllabes légères
(light) d'un même côté ». Il ajoute : « Cela serait un
exemple de l'*équivalence* et nous pouvons ici admettre
la scansion calquée sur le système classique[1]. » Il frise
même la division temporelle en périodes : « quand, dit-il,
l'accent frappe une syllabe brève, il y a évidemment plus
de durée dans le pied qui puisse être remplie par des
syllabes pesantes, si l'on considère le pied entier comme
unité temporelle[2]. » Pourtant il dit assez catégoriquement
que « les vers anglais se basent sur l'accent et négligent
la quantité des syllabes[3] ».

Liddell prétend établir les principes scientifiques de
la versification anglaise. Cependant il néglige tout
élément métrique, avec conséquence et complètement.
Son livre est une étude admirable du rythme, claire, sans
la moindre inconséquence, parce qu'il n'essaye pas de
tirer du dessin accentuel ce qui n'y entre pas, le mètre.
Il a admirablement démontré l'importance du rythme
dans le discours. Il est vrai qu'il a intitulé son livre
Prolégomènes à la Science de la Prosodie Anglaise ;
mais il a le tort de penser qu'en excluant ainsi l'élément
le plus important du vers, comme *forme*, il a donné

[1] *Op. cit.*. p. 101 :
« A Stress will not carry more than one heavy syllable or two light
syllables on the same side of it; and this would be an example of
equivalence, and we may join hands with the classicists. »
[2] *Ibid.*, p. 103 :
« When the stress falls on a short syllable there is evidently more
spare time in the foot to devote to heavy syllables, if the whole foot
be regarded as a time unit. »
[3] P. 106 :
« English verse is built on stress, and neglects quantity. »

une explication suffisante de la versification anglaise.
Le vers est bien autre chose qu'un *simple* schéma
métrique ; celui-ci ne laisse pas moins d'en constituer
la charpente indispensable.

Il a raison d'écarter la terminologie pseudo-latine de
l'école orthodoxe. Il est allé jusqu'à écarter sans façon
tout élément temporel : « Évidemment la longueur ou
la brièveté d'une syllabe anglaise n'a rien à faire avec
la détermination des formes du vers anglais[1]. » Il est
conséquent, au moins, tout en ayant complètement
tort.

Son argument à ce propos est fallacieux. En premier
lieu, il semble croire que les métriciens orthodoxes sont
d'avis que *les syllabes accentuées sont longues et les
non accentuées brèves,* et qu'*ainsi* les pieds accentuels
correspondent aux pieds temporels (quantitatifs) des
anciens. Il n'en est rien. Les métriciens orthodoxes sont
assez inconséquents, je l'accorde ; mais pour eux, *en
général,* il ne s'agit pas d'une équivalence, mais seulement d'un transfert de nomenclature. Ils basent leurs
théories sur une fausse analogie tout simplement et non,
comme Liddell le prétend, sur une homologie.

Liddell ne croit pas que les syllabes accentuées
soient les plus longues. « Le principe n'est pas vrai et
qui étudie l'histoire de la langue anglaise sait qu'il est
diamétralement opposé aux faits les plus saillants du
développement de la langue anglaise. Sans doute presque chaque vers anglais montrera des syllabes longues
dans la *thésis* du pied et, sans aucun doute, des syllabes
brèves dans l'*arsis*.

---

[1] Liddell, *op. cit.*, p. 18 :

« Obviously the length or shortness of an English syllable has
nothing to do with the determination of the forms of English verse. »

Prenez pour exemple :

" Five years have past; five summers, with the length
Of five long winters. "

Five, qui a en apparence une voyelle longue... est employé deux fois dans la partie non accentuée d'un pied et une fois dans la partie accentuée ; *sum* – et *win* – montrent évidemment des syllabes brèves dans la partie accentuée des pieds[1]. »

Je ne pense pas que les syllabes qu'il relève comme étant brèves le soient réellement. Mon oreille les entend longues *(sum* – et *win* –). Il est vrai que la syllabe *five* est longue. Cela cependant n'est pas réfuter la théorie temporelle de la métrique anglaise. Relever une syllabe longue dans la thésis d'un pied ne vaut pas une démonstration de la fausseté de cette théorie. Rien, au contraire, n'empêche une syllabe longue de se trouver dans cette position ; rien ne l'empêche non plus d'être accentuée, pourvu qu'elle le soit *moins* que la syllabe qui marque l'ictus de ce pied (période temporelle). La phrase citée se représenterait selon les règles de l'accentuation établies ci-dessus :

Five	years	have	past;	five	summers	with	the	length
Ia	I	II[1]	I[1] ;	Ia[2]	I[2]	IV[2]	IV[3]	IV[3]	I[3]

Of	five	long	winters
IV[4]	Ia[4]	Ia[4]	I[4] IV[4]

---

1 Liddell, *op. cit.,* p. 17 :

« The principle is not true, and the historical student of English knows that it is diametrically opposed to the most salient facts of English speech development. Almost any line of English verse will show indubitably long syllables in the so-called *thesis* of the *foot* and indubitably long syllables in the *arsis.. Five,* with an apparently long vowel (really the diphthoug *ai*), is twice used in the *unaccented* part of a foot, and once in the accented part; *sum-* and *win-* show obviously short syllables in the *accented* postions of the feet. »

Rien n'empêche l'accent I a^4 d'être égal à l'accent I a et I a^2, pourvu que l'accent I^4 soit égal à l'accent I et I^2. Le rythme reste intact. Le mètre est sauvé par le fait que l'accent I a^3 est plus important que IV^4 ; I que I a ; I^2 que I a^2. Rien n'empêche d'ailleurs IV^3 d'être plus important que IV^2 [1].

L'argument de Liddell contre « l'absurdité qui consiste à considérer la durée des ondes syllabiques comme l'élément fondamental des vers anglais » se trouve ainsi tout à fait faussé [2]. Il recherche la valeur temporelle des syllabes des deux vers de Shakespeare [3] qu'il cite

---

[1] Voir, pour des considérations intéressantes, Otto Jerpersen: *Den psykologiske Grund til nogle metriske Faenomener* (Cause psychologique de quelques phénomènes de métrique), Kgl. Danske Videns-kabernes Selscabs Forhandlinger, 1900, Copenhague.

[2] Liddell, *op. cit.*, p. 173 :
« The absurdity of considering the time-durations of syllabic impulses as the determining elements of English verse form. »

[3] Cp. *Ibid.*, p. 168-171 :
« Let us see if there is any aesthetic arrangement of quantitatively determined elements in the verse form of the sonnet of Shakespeare vhich we had before us. To examine the whole sonnet for these quantitatively determined verse elements would be too tedious : let us take the concluding couplet :

So shalt thon feed on Death, that feeds on men,
And Death once dead, there's no more dying then.

So contains a diphthong, *on* (though there is no diphthong in the spelling, for the spelling is Middle English) ; the first impulse, then, is long. In *shalt* the vowel is short, the English half- $\breve{a}$ half $\breve{e}$ sound represented by $\breve{æ}$; though this $æ$ is followed by two consonants, *l* and *t*, these are in English so closely articulated that we may put the syllable down as short. (It really would not affect the question one whit if we put it down as long.) The third impulse in respect to its quantity is long, for it contains the diphthong *au;* the fourth is likewise long, for it contains the long vowel $\bar{\imath}$ (though written *a* in our Middle English spelling); the fifth impulse is obviously short, *on;* the sixth impulse *Death* contains two consonants separated by a long open $\bar{e}$ (though this *e* is frequently so vague in length as to be equivalent to a short vowel, we may safely think of it as long here, for we cannot

(p. 169) sans tenir compte de leur position accentuelle dans la phrase. Il semble se ranger à l'opinion dé ceux qui attribuent aux syllabes anglaises une valeur temporelle *absolue*.

Voici le relevé[1] de ses théories fait par lui-même : « Le mouvement rythmique des vers anglais consiste dans une série d'ondes rythmiques successives soit ascendantes soit descendantes. Dans les rythmes ascendants, c'est l'onde paire qui est différenciée de l'onde impaire précédente par le fait qu'elle reçoit plus d'accent *(attention-stress)*.

« Dans le rythme ascendant, un groupe logique

hurry the utterance of the word, without spoiling to some extent its poetic association). The seventh impulse is short again, the eighth as clearly long, the ninth short, and the tenth short.

Our series then is

$$- \; \cup \; - \; - \; \cup \; - \; \cup \; - \; \cup \; \cup$$

So shalt thon feed on death that feeds on men.

as far as the relative time values of the successive impulses goes. Similarly the following verse runs :

$$- \; - \; - \; \cup \; - \; - \; - \; - \; \cup$$

And Death once dead there's no more dying then.

Now what is the unit in the first verse of this couplet? Is it a *trochee* as in the first *foot*, if we call it a *foot?* But the next foot is a *spondee!* and the next is an *iambus!* and the last is a *pyrrhic!* &c. » C'est un tissu d'absurdités et d'inconséquences.

[1] Liddell, *op. cit.*, p. 273-4 :
« English rythms run either in falling or rising series of successive rhythm-waves. In rising rhythms the even impulse is differentiated from the preceding odd impulse by receiving a greater amount of attention-stress. In rising rhythm a thought-moment may begin with a falling wave-group; or, in other words, a series in rising rhythm may be reversed for two impulses at the beginning of a new thought-moment... Full stressed impulses do not occur in the odd numbered places of rising rhythm, except in the case of *reversal*, nor in the even numbered places of falling rhythm. Unstressed impulses do not occur in the even numbered places of rising rhythm, except, etc...
...Secondarily stressed impulses may occur in any position in the verse. »

(thought-moment) peut commencer avec un groupe
accentuel *(wave-group)* descendant ; ou, en d'autres
mots, les deux premières ondes d'un groupe logique qui
a, en général, un mouvement ascendant peuvent être
renversées... »

Il parle ensuite de rythme descendant, de *double
rhythm* (où l'onde la moins accentuée se répète), de
mixed rhythm (à thesis variable), etc.

Il en tire le corollaire suivant : « Des syllabes pleinement accentuées ne se trouvent pas dans les places
impaires du rythme ascendant, sauf dans le cas de ren-
versement *(reversal)*, etc... Des syllabes sans accent
ne se trouvent pas dans les places paires du rythme
ascendant, etc... Des syllabes avec accent secondaire
peuvent se rencontrer n'importe où dans le vers. »

Les théories de de Souza ressemblent sous bien des
rapports à celles de Liddell. Selon lui, « le caractère
d'un rythme principal délimité par une mesure donnée
dépend non d'une division en larges groupements fixes,
mais de la succession de petits groupes les plus proches
de l'unité, quoique proportionnés — en général — avec
la mesure donnée, c'est-à-dire n'étant pas inférieure au
quart du nombre qui la délimite[1] ». Il veut dire qu'un
vers se décompose en plusieurs petits groupes d'un nombre variable de syllabes (il néglige tout à fait la durée
des syllabes), le mouvement rythmique se nuançant « à
l'infini par petites ondes successives différant les unes
des autres, quoique subtilement liées entre elles[2] ».
Mais chaque vers doit rester une unité pour constituer
« le rythme principal sans lequel tous les petits groupes
rythmiques courraient les uns après les autres sans la

---

[1] De Souza, *op. cit.*, p. 239.
[2] *Ibid.*, p. 240.

moindre cohésion. C'est ce rythme, le lien d'unité qui
les oblige à serrer les distances, à s'unir dans un but
commun, sans le vide répété et fatigant des intervalles
trop prononcés que créerait une marche indépendante
et individuelle [1] ».

Ces petits groupes sont marqués par l'*accent oratoire* (c'est-à-dire par l'accent de la phrase par opposition à l'accent purement grammatical que Souza appelle
accent logique). « L'accent oratoire, dit-il,… doit marquer avec précision les temps d'arrêt ou plutôt les insis-
tances successives de la voix, tout en dépendant des
fluctuantes suggestions du sentiment individuel [2]. » Il
ne doit y avoir aucun doute sur la syllabe qu'il convient
d'accentuer. Il faut que « le lecteur ne puisse pas faire
autrement que de sentir dans toute leur justesse la
multiplicité des petits groupes, que d'être porté sans
le moindre effort au gré des ondes [3] ». C'est là cependant une condition indispensable de la bonne *prose*
aussi bien que de la poésie.

De Souza trouve l'enjambement inutile et nuisible
parce que « l'intégrité du rythme principal » doit être
conservée. « Les petits groupes rythmiques que forme
la mobilité de l'accent, bien que divers, sont en somme
comme autant d'unités qu'il faut grouper à leur tour
pour la composition d'une image rythmique. Ils ne peuvent avoir de valeur individuelle qu'en certains cas

---

[1] De Souza, *op. cit.*, p. 241. Il ajoute :
« Le rythme principal doit obéir plutôt à un nombre pair, parce
qu'il s'accorde mieux alors avec les rythmes naturels, physiologiques
et mécaniques, parce qu'il répond au courant de notre instinct. Le
rythme principal de l'alexandrin se trouve ainsi, et pour toutes les
autres raisons connues, le plus favorable et le plus fécond. »

[2] *Ibid.*, p. 246.

[3] *Ibid.*, p. 248.

spéciaux, mais c'est par association de deux, trois,
quatre, cinq groupes au maximum, par les rapports
qu'établit leur union chaque fois différente, et par le
lien de famille qui relie alors les césures adoucies ou
soutenues, qu'ils atteignent à un idéal de l'expression
rythmique : — et l'enjambement brise ce lien, détruit toutes les concordances [1]. » Il voit bien que tous les accents
ne sont pas d'une valeur égale. « Ce sont des accents
forts, dit-il, qui nous frappent seuls en prose dans la
sensation rythmique créée par les accents oratoires.
Mais, dans les vers, une succession ininterrompue d'accents forts serait impossible sans une fatigante unifor-
mité. On a déjà à l'intérieur du vers toujours deux
accents au moins ; la persistance obligatoire d'un accent
fort sur la dernière syllabe suffit à empêcher que tous
les autres accents aient continuellement et indistinctement la même intensité [2]. » Il en tire la conclusion que « ce n'est en effet que le jeu des accents *forts*
et *faibles* qui peut achever d'animer le mouvement
rythmique [3] ».

Ainsi de Souza néglige tout à fait le *mètre* (à moins
qu'on ne considère son rythme principal comme élément métrique — dans ce cas, il confondrait le mètre et
le rythme et commettrait l'erreur de ceux qui, n'admettant pas que le rythme puisse être dénaturé par le
mètre, ne font pas cependant la distinction nécessaire
entre les éléments rythmiques et métriques) au profit du rythme dont il établit assez correctement les lois.
Il a le tort de ne pas se tenir au titre de son livre *Le
Rythme Poétique* ; il ne se contente pas de rechercher

[1] De Souza, *op. cit.*, p. 250.
[2] *Ibid.*, p. 252.
[3] *Ibid.*, p. 253.

les lois du rythme — il ressemble à ces biologues qui, écartant Dieu *par hypothèse* concluent à son inexistence parce qu'ils ne le trouvent pas dans leurs dissections.

De plus, il laisse percer de temps en temps des indications du fait qu'il n'a pas compris l'axiome de toute versification, c'est-à-dire que la prononciation ne doit pas être dénaturée par les exigences du mètre. Il formule la loi que : « La valeur de la plupart des syllabes douteuses ou atones dépend, en partie, des nécessités du nombre [1]. »

Les autres métriciens, français et anglais, confondent le mètre avec le rythme, soit fondamentalement, soit dans l'application de leurs théories aux problèmes du rejet, de l'enjambement, du vers dit romantique, etc. Lanier, Omond, Patmore, bien qu'ils aient compris que tout système métrique doit être temporel, ont cependant négligé de faire cette distinction indispensable.

Lanier tâche de prouver que l'accent seul ne peut être la base d'aucun système métrique. Cela méritait d'être prouvé. « Le temps est la base essentielle du rythme. L'accent ne peut en effet rien changer sauf en utilisant des matériaux déjà rythmiques par quelque proportion temporelle. Puisque nous possédons une série de sons temporellement proportionnés, nous pouvons les grouper... au moyen de l'accent dans des groupements de plus en plus larges. Mais la proportion temporelle primitive est toujours nécessaire [2]. »

[1] De Souza, *op. cit.*, p. 258.
[2] Lanier, *op. cit.*, p. 65 :
« Time is the essential basis of rhythm. *Accent* can effect nothing, except in arranging materials already rhythmical through some temporal recurrence. Possessing a series of sounds temporally equal or temporally proportionate, we can group them into various orders

Sans oser me déclarer tout à fait convaincu de la justesse et surtout de la suffisance du raisonnement relégué par Lanier à la note de la page 65, j'abonde dans le sens de sa conclusion [1] : « Les sons ne peuvent être rythmiques qu'en vertu de leur durée relative. »

L'argument qu'il tire de l'analogie de la musique est plus réussi. En effet la seule comparaison de la versification avec la musique suffit pour démontrer l'insuffisance de la théorie purement accentuelle du mètre (par opposition au rythme). Une série de sons disposés selon un dessin purement accentuel, pour artistement fait qu'il soit, ne répond à nulle capacité de coordination exacte de l'oreille ou de l'esprit. On ne la sent pas comme musicale. « Toute mesure d'un passage donné de musique est égale à toute autre mesure du même passage. Sans cette égalité de durée, aucun mouvement rythmique ne serait possible ; et il est évident que cette possibilité repose sur les mêmes conditions en poésie qu'en musique... Dans les deux cas c'est la division du temps qui est toujours et nécessairement marquée soit par des sons musicaux, soit par des sons de vers [2]. »

Mais, d'autre part, Lanier, comme Souza, frise de très

of larger and larger groups...., by means of accent ; but the primordial temporalness is always necessary. »

[1] These can be no rhythm in sounds, except through their relative time or duration (quantity).

[2] Lanier, op. cit., p. 67-68 :
« In a strain of music any bar is exactly equal to any other bar in the time it occupies. If this equality in time were taken away, no possibility of rhythm would remain ; and it must be apparent that the possibility of rhythm is the same, whether the rhythm be music-rhythm or verse-rhythm ; the only difference between the two being that in music the time is marked off for the ear by musical sounds, while in verse the time is marked off for the ear by verse-sounds. In both cases, it is always and necessarily *time* which is marked off. »

près l'erreur qui consiste à confondre le mètre avec le
rythme, en admettant que celui-là puisse dénaturer
celui-ci. Lanier distingue trois sortes d'accent : *rhythmic accent*, qui correspond, d'après la définition qu'il
en donne [1], à l'ictus ; *pronunciation accent*, qui correspond évidemment à l'accent d'identité, et *logical accent*,
qui semble comprendre l'accent grammatical *et* l'accent éthique (oratoire) ensemble. Ainsi lorsqu'il émet
l'avis que le *rhythmic accent* sert à appeler l'attention
sur certains sons dans une série de sons métriques,
afin de marquer l'intervalle de temps assigné à chaque
période, etc., il semble se ranger à la théorie artificielle du
mètre, représentée (jusqu'à un certain point) par Saran.
Les trois observations suivantes (3), (4) et (5) ne laissent
plus de doute. Je cite ici les deux dernières qui ont
une importance spéciale :

(4) «... L'*accent logique* n'aura presque jamais la
même position dans le débit de deux lecteurs différents,
puisque l'importance relative de chaque idée variera
selon le lecteur, étant soumise à l'influence des plus
diverses conditions ; ... l'*accent rythmique*, au contraire, frappera précisément le même endroit de la
mesure dans le débit de n'importe quel lecteur d'un
morceau soit de musique, soit de poésie.

(5) «... L'*accent rythmique* établit un rythme défini
pour l'oreille, tandis que l'*accent logique* contrarie ce
rythme en soulignant d'autres groupements de deux,
trois, ou plusieurs mesures...

---

[1] Lanier, *op. cit.*, p. 120 :

« To call the ear's attention to particular sounds in a series of
verse-sounds or music-sounds, for the purpose of marking the
intervals of time allotted to each bar, such interval being always that
wnich elapses between any two sounds thus distinguished by the
Rhythmic accent. »

« L'accent logique frappe en général une syllabe déjà
accentuée rythmiquement, et renforce ainsi le plus souvent ce dernier accent. »

Patmore a répondu à l'erreur qui constitue la base
de l'argument contenu dans le paragraphe (4) [1]. On ne
saurait trop appuyer sur la proposition fondamentale
de toute théorie et de toute pratique de versification,
à savoir que le théoricien et le poète, en tant que métricien, et tout bon poète l'est, le plus souvent peut-être
sans le savoir, doivent forcément accepter leurs matériaux tels quels, avec tout le dessin accentuel et la
disposition des pauses [2], *et s'en servir* pour leurs besoins
métriques.

---

[1] Lanier, *op. cit.*, p. 86. Voir ci-dessus, p. 19. Le texte de Lanier est :

« (3) ... the rhythmic accent is of absolutely regular recurrence, so
regular that the musical system of notation always considers it as a
matter of course as occuring on the first note of each bar and does
not mark it save where, as in rare cases for some special effect of
interrupting the rhythm, the musician desires to accent some note
other than the first in the bar, even in which event the rhythmic
accent is still indispensable and only transferred from the first note
to some other, — while the logical accent is of *irregular* recurrence,
depending upon the number of relatively important words in the
phrase or sentence ;

« (4) ... the logical accent will scarcely ever be given exactly the
same place by two consecutive readers, because the relative importance of any particular idea to several other ideas will strike different minds differently according to a great number of circumstances,... white the rhythmical accent would be placed upon exactly the
same point of each bar by any ten thousand readers of either a piece
of music or a piece of verse ;

« (5) ... the effect of the rhythmic accent is to establish a definite
rhythm for the ear, while that of the logical accent is to disestablish
this rhythm by differently timed recurrences which set up different
groupings of two, three, or more bars.

« Let it be further observed that the logical accent nearly always
falls upon a sound already distinguished by the rhythmic accent and
thus reenforces the latter. »

[2] Tels qu'ils se trouvent dans le style élevé, bien entendu.

Pour la même raison l'argument d'Omond tiré de la variabilité de l'accentuation anglaise n'est pas valable : « Baser la prosodie sur l'accentuation semble être absolument inutile, tant que notre accent d'identité est... tout à fait subordonné à notre accent de phrase, et que ce dernier est entièrement arbitraire[1]. »

Malgré sa théorie, que d'ailleurs il n'applique pas avec conséquence et que son observation (4) (p. 47) contredit, implicitement au moins, Lanier interprète très bien[2] la pratique métrique de Shakespeare, formulant les trois lois suivantes[3] : « (1) Dans le vers de Shakespeare il faut lire selon le sens ; sans cela on ne mettra pas en valeur le mètre exact. (2) Shakespeare garde toujours intact le mètre de son *blank verse*. (3) Dans chaque vers il y a toujours cinq accents ; ou bien un ou plusieurs de ces accents sont remplacés de telle manière que, quoique absents, ils se font sentir aux bons endroits (*accounted-for*) : c'est dans sa méthode d'indiquer ainsi les accents absents que Shakespeare montre sa maîtrise, car sa méthode est bien celle du langage courant, etc. »

---

[1] Omond, *op. cit.*, p. 23 :
« To base prosody on accentuation seems hopelessly futile, so long as our word-accent is... at the mercy of our sentence-accent, and the latter is a thing capricious and fugitive and chameleon-like in its changes. »

[2] Lanier, *op. cit.*, p. 212-224.

[3] (1) « That in Shakespeare's verse the only way to get the exact rhythm is to read for the sense ; (2) That Shakespeare never mangles the type of his blank verse ; (3) That consequently, in every line, five rhythmic accents are always present or accounted-for : and that it is in his method of *accounting-for* them that Shakespeare's mastery is so apparent, for it is the method of common speech, and his verse thus forever crowds the firm fabric of the type, as a canvas, with all the multitudinous and floating rhythmical figures of every-day utterance. »

Coventry Patmore, lui aussi, a essayé de démontrer que la théorie accentuelle est insoutenable. Après les mots que j'ai déjà cités ci-dessus : « Il me semble que le seul point de vue admissible quant à cet accent qu'on s'accorde avec plus ou moins de netteté à donner comme base au mètre anglais, en contradiction avec le mètre syllabique des anciens, est celui qui lui attache la fonction de marquer, par des moyens quelconques, des intervalles isochrones », il continue ainsi qu'il suit :

« Le mètre est forcément basé sur la mesure de quelque chose... Ce qu'on mesure c'est le temps mis à débiter une série de mots. Mais mesurer le temps demande forcément quelque chose qui mesure, et *qui n'est pas, par conséquent, soumis lui-même à la nécessité d'être mesuré...* Ce sont deux conditions inéluctables du mètre : 1° que la série de paroles représentée par le vers écrit soit divisée en périodes égales ou proportionnées ; 2° *que cette division soit clairement indiquée par un ictus,* ou battement, réel ou imaginaire qui... puisse marquer la fin d'une période et le commencement de la période suivante[1]. »

---

[1] « Metre implies something measured... The thing measured is the time occupied in the delivery of a series of words. But time measured implies something that measures, *and is therefore it self unmeasured...* These are two indispensable conditions of metre, — first, that the sequence of vocal utterance, represented by written verse, shall be divided into equal or proportionate spaces ; secondly, *that the fact of that division shall be made manifest by an ictus,* or beat, actual or mental, which, like a post in a chain railing, shall mark the end of one space, and the commencement of another. This *ictus* is an acknowlsdged condition of all possible metre ; and its function is, of course, much more conspicuous in languages so chaotic in their syllabic quantities as to render it the *only* source of metre. » (*Op. cit.,* p. 230.)

Il reprend l'argument plus loin. Les écrivains, dit-il, « qui ont appelé le vers grec et latin *métrique* et *temporel,* et le nôtre *rythmique* et *accentuel,* sont tombés dans l'erreur étrange de ne pas se rendre compte que ces quatre épithètes doivent s'appliquer à toutes les variétés de mètre, en tant qu'elles sont du mètre ; et que, bien que la non-coïncidence de l'accent grammatical avec l'ictus métrique, et autres particularités du vers grec et latin, fassent naître des différences de *genre* entre celui-ci et les *modes de vers* anglais (et des autres langues modernes), la différence de *mètre* ne peut être qu'une différence de *degré* [1]... Mais le seul changement, en ce qui concerne purement le *mètre,* qu'on puisse concilier avec les faits et la nature du cas, est celui qui consiste à rendre la division *accentuelle* du temps la *seule* source du mètre et non pas seulement *la source la plus importante* [2]. »

Mais ses théories sont déparées par une étrange erreur. Après avoir établi la véritable nature du mètre, il ajoute de la manière la plus déconcertante [3]:

[1] Lanier, *op. cit.,* p. 235 :

« Who have treated of Latin and Greek verse as being *metrical* and *temporal,* and of our own as *rhythmical* and *accentual,* have fallen into the strange error of not perceiving that these four epithets must apply to all possible kind of metre, as far as they really are metre ; and that, although the non-coincidence of the grammatical with the metrical ictus, and other peculiarities of Greek and Latin verse, give rise to differences in *kind* between these and the English and other modern European modes of *verse,* the difference of *metre* can be only one of degree. »

[2] *Ibid.,* p. 235 :

« The only change, as far as regards pure *metre,* which is reconcilable with the facts and the nature of the case, is that which consists in rendering *accentual* division of time the *sole,* instead of merely the *main,* source of metre. »

[3] *Ibid.,* p. 242 :

« Hitherto I have had occasion to speak only of that primary

« Jusqu'ici j'ai eu l'occasion de parler seulement de la division métrique primaire commune aux vers et à la prose. Il me reste à parler de ce qui constitue la qualité distinctive du vers. Rien, excepté le dédain inconcevable des prosodiens pour les pauses finales, n'aurait pu empêcher l'observation de cette grande loi générale, à savoir que *la mesure élémentaire, ou unité* du vers anglais est double de la mesure de la prose ordinaire, c'est-à-dire que c'est l'espace limité par des accents alternés ; que tout vers qui en est un contient 2, 3 ou 4 de ces mètres, etc. »

Il fait une part vraiment excessive à la pause finale [1]. Il postule ainsi des dipodes correspondant à deux périodes accentuelles. L'accent de la première période de chaque dipode serait, dans les vers les mieux rythmés, plus fort que celui de la seconde. Patmore va même jusqu'à soutenir [2] que « le *blank verse* — traité comme il l'a été jusqu'à présent, excepté de temps en temps par Shakespeare, c'est-à-dire sans regard à la place normale des accents majeurs et mineurs — a peu ou pas de rythme qui lui soit propre et, par consé-

metrical division which is common to verse and prose. I have now to speak of that which constitutes the distinctive quality of verse. Nothing but the unaccountable dis-regard, by prosodians, of final pauses could hare prevented the observation of the great general law... that *the elementary measure, or integer, of English verse is double the measure of ordinary prose,* — that is to say, it is the space which is bounded by *alternate* accents; *that every verse proper contains two, three, or four of these metres,* or, as with a little allowance they may be called, *dipodes.* »

[1] Voir ci-dessous III (4) *La césure et la pause finale.*

[2] « Blank verse — when treated as it hitherto always has been, except occasionally by Shakespeare, that is, without any predominating reference to the normal places of the major and minor accents — has little or no rhythm of its own, and therefore the poet has to create the rhythm as he writes. » (P. 267).

quent, le poète a à créer le rythme en écrivant[1] ».

Il est vrai que Stone met le comble à ce dénigrement du *blank verse* en le qualifiant de « faible instrument[2] ». Il pense que « le vers accentuel est par essence trop facile et trop monotone[3] ». Aussi préconise-t-il une métrique temporelle (quantitative), ne différant en rien de la métrique latine et grecque[4]. L'accent n'y serait pour rien, l'ictus se battant sur la syllabe longue de l'arsis. Il admet ainsi un conflit d'accents (combative accent) comme en grec et en latin (s'il en était vraiment ainsi dans ces deux langues). Il oublie que le seul moyen d'imiter en anglais les mètres latins et grecs, c'est d'écrire de bons vers anglais, la métrique anglaise reposant sur le même principe fondamental que la métrique latine et grecque — la mesure du temps.

La critique que fait Cotterill de la théorie accentuelle (exemplifiée par les opinions de Bridges), avec toutes les exceptions que cette théorie se voit forcée d'accepter et de tolérer, sans trop savoir pourquoi, est très à propos[5]. « Toutes ces explications pour rendre compte

---

[1] Wulff est du même avis que Patmore sur la question des dipodes. « En enstaka takt är ännu ingen rytm ; därtill fordras, sade vi, minst två samhörige takter, äller vanligen multiplier av två. » Aussi, pour lui, les trimètres et les pentamètres ne peuvent-ils pas être métriques sans une pause finale égale à une période entière (heltaktspaus). Cp. *Värsbildning*, p. 31.

[2] Stone, *op. cit.*, p. 52.

[3] *Ibid.*, p. 51.

[4] Voir ci-dessus, I (1).

[5] Cotterill, *op. cit.*, p. 101-2 :

« All these explanations to account for the fact that, though Milton's five-beat verse *should be* iambic, it is really to a very considerable degree not iambic, reminds one of what astronomers say about the moon's orbit, namely, that *if* there were no sun, stars, or planets to disturb its course, and *if* the earth would only remain fixed, the orbit would be elliptical... Mr Bridges states that Milton's

de ce fait que, bien que le vers à cinq accents de Milton *aurait dû être* iambique, il *est* très loin de l'être, font penser à ce que les astronomes disent de l'orbite de la lune, à savoir que, *si* les étoiles, le soleil ou les planètes ne troublaient pas son cours, et *si* seulement la terre était immobile, elle serait elliptique... M. Bridges établit que le vers de Milton a été produit sous l'influence de deux lois de composition distinctes et incompatibles — la loi de scansion syllabique et la loi d'accentuation naturelle, si bien qu'il a été obligé de considérer ses vers *comme* deux produits divers de deux lois diverses : *Il en est arrivé à scander ses vers d'une façon et à les lire d'une autre.* »

verse was produced under two distinct and incompatible laws of composition — the law of syllabic scansion and the law of natural speech-stress, so that he was compelled to regard his verses as two diverse products of diverse laws : *he came to scan his verses one way and read them another.* »

LA THÉORIE QUANTITATIVE DE WULFF
ET LE SYSTÈME DE « L'A PEU PRÈS » DANS LA MÉTRIQUE

Restent les théories de F..Wulff et de Saran. Wulff
a bien raison d'insister sur la nécessité de respecter
le schéma métrique — « schéma dynamique, *abstrait
et de théorie* (je souligne), qui sert à la facture de chaque vers, sciemment ou insciemment[1] ». Il oppose au
schéma métrique le schéma rythmique : « Au lieu de
parler du schéma rythmique[2] d'une part et du texte du
vers d'autre part, on peut se servir sans inconvénient
de l'expression *värsschema* pour indiquer le schéma
métrique fondamental invariable (värsens rytmiska
grundtypsschema) et, par contraste avec celui-là, de
l'expression *satsschema* pour indiquer le dessin accentuel variant avec chaque vers[3]. »

Il écarte l'erreur qui consiste à parler de pieds accentuels. Pour lui la mesure du temps est le principe fondamental du mètre. Je ne puis mieux expliquer ses

---

[1] Wulff : *Rythmicité*, etc., p. 7.
[2] C'est-à-dire *métrique*.
[3] Wulff : *Värsbildning*, etc., p. 33 :
« I stället för att tala å ena siden om *det rytmiska schemat* och å
andra siden om värstäxten kunna vi utan olägenhet nyttja ordet
värsschemat när vi mena : *värsens rytmiska grundtypsschema*, och
i motrats därtill nyttja ordet *satsschemat* (äller *ordschemat)* i. st. f.
den enkilda värsens faktiska akcentskick. »

théories qu'en citant une lettre[1] que j'ai reçue de lui où
il a bien voulu m'éclaircir quelques points un peu
obscurs dans son système : « Tant qu'il s'agit du *schéma*..., les longues (sont) égales, les brèves égales [cha-
que pied du schéma étant ainsi de la même longueur].
Dans la *phrase* qui fait le texte d'un schéma et dont
les accents constituent le vers, les longues (= fortes)
sont également longues (et fortes) selon leur degré
d'accent dynamique, mais cet accent varie. Pour être
une bonne syllabe longue... il faut que la syllabe soit
suffisamment longue et non opprimée par les (syllabes
voisines). Dans les vers, l'oreille se contente d'un à peu
près, et toute oreille française abhorre la trop grande
régularité, la régularité *brutale*. Les Français suppo-
sent à faux que nous autres (Suédois, etc.) aimons cette
brutalité, tandis que nous demandons seulement *de ne
pas perdre d'oreille le schéma voulu*. Tant que je n'ai
pas vérifié quel est le *schéma* adopté par le versificateur,
je ne suis pas à l'aise, en écoutant. Pour nous, une place
brève de tel schéma peut contenir une, deux ou même
trois syllabes brèves, toutes les fois que c'est convenu
et compris. Bref — je demande que le schéma, tant bien
que mal, se fasse assez entendre *et ne se perde pas*.
Mais notez : c'est dans le *schéma*, pour le calcul et la
facture du vers, que les *endroits* sont égaux : dans
cette espèce de *phrase* qui s'appelle *vers* (on ne peut
parler) *d'égalité de longueur*, (on n'y voit qu')un *à péu
près* continuel. »

On peut comparer avec cet extrait la définition[2] d'un

---

[1] Le 7 avril 1905.

[2] *Värsbildning*, p. 52-53 :

« Till grund för all egäntlig värsbildning ligger... *en meter*, ett
rytmiskt schema, hvilket antingen kommer fram i och genom *hvarji*
konstitutiv stavelse, äller som åtminstone skymtas bakom det sats-

vers que donne Wulff dans son livre suédois : « La base de chaque forme versifiée, en tant que réellement métrique, est un *mètre*, un schéma rythmique (c'est-à-dire métrique) qui se fait valoir dans chaque syllabe du vers ou du moins se laisse entrevoir derrière la phrase que nous appelons un vers. Un vers est, en effet, une phrase (ou un membre de phrase) constituée de telle manière que, énoncée naturellement, elle se trouve en correspondance avec une forme métrique fixée d'avance soit arbitrairement, soit par la tradition poétique ; cette correspondance peut être ou complète, s'exprimant dans toutes les places du vers, ou du moins dans la dernière syllabe accentuée et la pause ou syllabes faibles suivantes, s'il y en a... Ainsi le rythme du vers n'est pas autre chose au fond que le rythme (entendez *mouvement rythmique*) du schéma choisi, avec ou sans de légères dérogations. Ce mouvement ne doit pas s'extérioriser mécaniquement au moyen d'une scansion inflexible de chaque vers... Mais le mètre doit inévitable-

uttryck som bildar hvad vi kalla en *värs*. En värs är nämligen en sådan sats äller satsdel, som i och genom sitt uttalande befinner sig i rytmisk motsvarighet till en nyss förüt framsagd äller välbekant taktrad, — vare sig denna motsvarighet är genomgående och således gäller hela raden, äller åtminstone gäller dess sista markerade stavelse, och därpå möjligen följande paus äller svaga stavelser ; en *svensk* [anglais, allemand aussi] värs är alltså en sats äller satsdel, hvars svenska akcentuering villigt fogar sig i en given rytmisk taktrad. Värsens rytm är således i grunden intet annat än det valda schemats rytm, med äller utan lindriga förklädningar. Denna rytm bör icka hävdas mekaniskt, genom att *skandera* hvarje värsrad... Men rytmen bör ovillkorligen alstras genom den prosodiskt och syntaktiskt riktiga uppläsningen av språkinnehållet;... vid läxtens naturliga uppläsning måste man mycket snart veta hvar man är hemma, d. v. s. utan möda känna igän, hvad slags gång värsenskall ha, och hvad för ett rytmiskt schema som åsyftats av skalder. Detta gäller om all fulländad och typisk akcentpoesi, även den romanska. »

ment se faire valoir par une prononciation accentuellement et grammaticalement correcte de la phrase qui
constitue le vers ;... si le texte est lu naturellement, on
doit savoir tout de suite où l'on en est — c'est-à-dire quel
est le schéma métrique choisi par le poète,... même
dans les langues romanes. »

Wulff a remarqué très justement que la quantité des
syllabes dépend de leur accent dans la phrase et qu'ainsi
elle est variable d'une longue à une autre. D'autre part
il a compris que le schéma métrique doit être respecté.
Il veut respecter aussi le dessin accentuel de la phrase.

Mais même où les longues et les brèves ou groupes
de brèves alternent dans le sens du schéma :

(1) Il est évident que, *les longues n'étant pas toutes
d'une même longueur ni les brèves d'une même brièveté*, les pieds ne sont pas tous égaux, même si l'on
compense une longue insuffisamment longue par une
brève trop longue, etc.

(2) Ne reconnaissant pas le rôle de la pause entre les
groupes accentuels, il ne trouve aucun moyen de suppléer à un pied trop court et d'égaliser ainsi tous les
pieds, en les assimilant tous à la longueur du pied normal (c'est-à-dire la plus longue).

De là sa théorie de l'à peu près. La compensation et
la pause sont les seuls moyens de concilier le schéma
métrique avec le dessin rythmique, aux dépens, il est
vrai, du pied (dans le sens antique) qui doit faire place
à la période (soit syllabique ou non).

Mais les longues et les brèves ne sont pas toujours
suffisamment longues et brèves respectivement pour les
endroits du schéma qu'elles doivent occuper. C'est-à-
dire, les longues et les brèves ou groupes de brèves
n'alternent pas selon le schéma. Il y a alors, selon

Wulff, *incongruence*. Tandis que la poésie latine et grecque (*Kvantitetspoesi*) *exigeait une congruence absolue*[1], la poésie *accentuelle* peut même profiter d'un certain degré de *manque de congruence*[2].

Il divise les vers selon leur congruence plus ou moins parfaite en catégories, qu'il appelle *rytmicitetsklasser* (classes de rythmicité)[3]. Je pense que le nombre d'incongruences serait bien plus grand même que Wulff n'admet, vu qu'il fait une part vraiment trop grande à la *rythmisation en arrière*. Beaucoup de ses incongruences réductibles par rythmisation ne le sont pas et viennent augmenter le nombre des incongruences irréductibles.

Quoi qu'il en soit, Wulff constitue ses catégories ainsi : « Quand toutes les syllabes d'un vers sont en parfait accord dynamique (ou accentuel) avec l'ensemble des *temps*, ou *endroits*, du schéma, ce vers est *en congruence*, il est congruent ; il a alors une *rythmicité* parfaite ou *de première classe*[4]... Il y a rythmicité de *seconde* classe... à tous les endroits d'un vers où l'on trouve une syllabe isolée — faible ou forte — qui soit placée contrairement à la valeur accentuelle qu'elle a dans la phrase. Il y a rythmicité de *troisième* classe à tout endroit du vers où les incongruences atteignent le nombre de *deux* syllabes contiguës, mais ne dépassent pas

[1] *Värsbildning*, p. 58 :
« Fordra *full och absolut kongruens* mällan värsschemat och det använda satsschemat, stavelse för stavelse, hvarvid akcenten betydde så godt som intet, stavelselängden allt. »
[2] *Ibid.*, p. 61 :
« I akcentpoesien är det emällertid *icke nödvändigt*... att hvarje stark stavelse i schemat upptages av en stark stavelse i täxten, och hvarje svag av en svag. Det är tvärt om önskligt att en äller annan stavelse i täxten är *inkongruent*. »
[3] *Rythmicité*, p. 8. *Värsbildning*, p. 61 et suiv.
[4] *Rythmicité*, p. 7.

ce nombre. Il y a rythmicité de 4e classe quand il y a trois syllabes incongruentes ensemble ; la 5e classe offre quatre incongruences contiguës, etc. [1] ».

Puis il ajoute : « La rythmicité est excellente dans les classes I-II ; bonne ou tolérable dans les classes II-III non réductibles ; mauvaise dans IV-V ; très mauvaise (ou transmutée en un mouvement nettement contraire) dans VI-VII, etc. [2]. »

« Les incongruences ne *détruisent* point le rythme voulu, le schéma, tant qu'elles restent au-dessous de la classe IV ; et il est évident aussi que les incongruences ne *changent* pas le schéma (en un autre schéma, non voulu), tant qu'elles ne se répètent pas, d'une manière identique, dans plus de deux ou trois courts vers ou hémistiches contigus. Ce dernier défaut est plus grave que le premier ; il est plus dangereux de se trouver en fausse route que de perdre de vue son chemin pour un moment [3]. »

« Les versificateurs français, italiens, etc., ont de tout temps toléré des vers de 5e, 6e, 7e classe, entremêlés à des vers de 1re, 2e, 3e, 4e, probablement parce qu'ils continuaient la tradition des vers chantés, dans lesquels la musique masquait l'incongruence... Les Scandinaves, de même que les Anglais, les Allemands, les Hollandais, ne souffrent en général pas une

---

[1] *Rythmicité,* p. 8.

[2] *Ibid,* p. 8.

[3] *Ibid.,* p. 9. Cp. *Värsbildning,* p. 61, note :

« Naturligtvis kan man i de romanska språken tala om ända till åtta rytmicitetsklasser (knappt flera, enär *högst* åtta stavelser nyttjas utan takthvila äller taktkomma), men då ju rytmen redan i den fjärde klassen är *ohjälpligt* bruten (diskrepant, inkompatibel), så är det även för den romanska värsen alldeles nog med fyra, högst fäm klasser (fullständig kongruens, villig kongruens, utjämning till kongruens, diskrepans.) »

rythmicité moins bonne que celle désignée ici comme
de 3e ou tout au plus de 4e classe ; c'est-à-dire deux ou
trois syllabes incongruentes ensemble, c'est pour nous
le maximum permis. Que, dans un même vers, il y ait
des incongruences isolées de 2e classe deux ou trois fois
répétées, cela n'est pas nuisible du tout... Les Scandinaves aiment I-II, préférant souvent II à I[1], et... ne
font que tolérer un III, ou même un IV ; tandis que
les nations romanes se délectent dans les classes I-V, et
se permettent des VI, des VII même[2]. »

Et ces vers ne sont pourtant pas mauvais. Pourquoi
les Français souffriraient-ils des incongruences impos-
sibles dans les langues germaniques ? L'explication
basée sur l'origine musicale des mètres français n'est
guère suffisante.

Décidément l'alexandrin ne rentre pas dans le schéma
que Wulff veut lui imposer.

Wulff trouve au blank verse (syllabique) un mouvement iambique à cinq pieds réguliers. Si l'on s'en tient
à ce mètre, il faut condamner maint bon vers, comme
étant mauvais, à cause de trop d'incongruences contiguës. Dans le vers :

<blockquote>A poor, infirm, weak and despised old man...</blockquote>

la cinquième et la sixième syllabes sont incongruentes,
« placées contrairement à la valeur accentuelle qu'elles
ont dans la phrase ». Il y a rythmicité de IIIe classe.
Cela peut encore passer.

Dans le vers :

<blockquote>As mad as the vex'd sea : singing aloud...</blockquote>

---

[1] Il se produit ainsi le fait vraiment extraordinaire qu'un vers peut
gagner à ne pas respecter tout à fait la condition même de son existence.

[2] *Rythmicité*, p. 8-9.

(qui est fort harmonieux) il y a rythmicité de IIIe classe
deux fois répétée.

Le vers :

> That if I then had waked after long sleep...

a une rythmicité de IVe classe. De même les vers :

> To darkness fleet souls that fly backwards. Stand...
> (the odds) Is that *we* scarce are men and *you* are gods...

Dans le vers :

> (forth will they fly)
> Chickens, the way which they stoop'd eagles ; slaves,
> (The strides they victors took)

il y a rythmicité de IIIe et IVe classe.

.J'ai puisé ces vers dans *Le Roi Lear* et *Cymbeline*,
de Shakespeare, qui sait faire des vers.

Tous les vers de *blank verse* ne sont pourtant pas
syllabiques. Un schéma strictement iambique ne réussira
jamais à comprendre un vers tel que :

> Blow winds and crack your cheeks! rage! blow!
> *(Roi Lear.)*

ou que :

> But set them down horrible traitors : spare not the babe...
> *(Timon d'Athènes.)*

qui contiennent l'un huit et l'autre treize syllabes.

Wulff se tire d'affaire, comme les orthodoxes, par la
fiction de la *thésis variable*. « Une syllabe forte (longue)
dans la thésis est toujours une incongruence, mais deux
faibles à la place d'une ne l'est pas[1]. »

Il scanderait le vers :

> But set them down horrible traitors : spare not the babe.

---

[1] *Värsbildning,* p. 10.

(je pense) selon le schéma variable :

$$\overset{\cup}{\underset{\cup\cup}{}}\,\_\quad\underset{\cup}{}\;\cup\quad\_\quad\overset{\cup}{\underset{\cup\cup}{}}\,\_\quad\overset{\cup}{\underset{\cup\cup}{}}\quad\_\quad\underset{\cup}{}\;\cup\quad\_$$

But set | them down hor | rible trai | tors : spare | not the babe

avec rythmicité de la 1ʳᵉ (ou peut-être 2ᵉ) classe.

Wulff trouve à l'alexandrin un schéma de six pieds
iambiques (césure et pause finale à part). Il cite comme
exemples de rythmicité de 5ᵉ à 8ᵉ classe, c'est-à-dire
mauvaise et très mauvaise, voire inqualifiable, les hémistiches suivants :

V.	Cent montagnes plaintives...
	Roule, plein de gravier....
	Dédaigna de ces vers....
	Qui toujours sur un ton[1]...
VI.	Tout doit tendre au bon sens[2]...
VII.	L'heure de ma mort... (décasyllabe)
VIII.	Plus s'éveille en moi... (décasyllabe)
	Mon courage éteint... (décasyllabe)[3]

On doit savoir gré à Wulff d'avoir appuyé (1) sur le
caractère inébranlable du schéma métrique et (2) surtout sur l'indépendance de l'accentuation dynamique
(rythme). S'il n'a pas très bien réussi à concilier ces
deux entités séparées, il a compris (sauf quelques inconséquences) que le rythme est inviolable. Il ne faut pas,
selon lui, se laisser « entraîner faussement par le seul
rythme du schéma : il faut que la prose, déjà, permette
la même accentuation[4] ». L'œuvre de Wulff est la plus
précieuse que l'étude de la science métrique ait pro-
duite, du moins pour ce qui concerne les langues modernes. Il a essayé de construire une théorie raisonnée de
métrique générale.

[1] *Rythmicité*, p. 35.
[2] *Ibid.*, p. 34.
[3] *Värsbildning*, p. 64. On peut citer des décasyllabes, car ils ont,
selon Wulff, le même mouvement iambique.
[4] *Rythmicité*, p. 11.

IV

Saran veut établir une métrique spéciale des langues romanes. On ne voit pas bien pourtant en quoi son système *alternant* se distingue fondamentalement du système dit accentuel de la métrique anglaise et allemande.

Pour ce qui est de l'élément temporel, comme *base* du schéma métrique, Saran y consacre les quelques mots qui suivent : « L'alexandrin a un caractère fondamentalement spondaïque [1]... Dans tous les cas, on doit refuser à l'alexandrin classique un mouvement iambique ou trochaïque. Bien entendu on ne peut parler que d'un caractère fondamental du vers... le mouvement spondaïque n'est pas... inflexiblement poursuivi [2]. »

Puis il passe outre [3].

Il prétend que, lu comme il faut, en faisant largement la part de l'accent éthique et rythmique, l'alexandrin est toujours *congruent*; l'ictus s'accorde avec le sens

---

[1] Saran, *op. cit.*, p. 326 :

« Der Alexandriner... trägt spondeischen Grundcharakter.., »

[2] *Ibid.*, p. 327 :

« Auf jeden Fall muss man dem klassische Alexandriner einen iambisch-trochaïschen Rhythmus abstreiten. Selbstverständlich kann hier nur von einem spondeischen Grundcharakter des Metrums geredet werden. Das spondeische Verhältnis... ist nicht streng durchgeführt. »

[3] Ici il est en contradiction absolue avec Wulff.

et fait ressortir la véritable signification des vers. Il pense ainsi que toutes les *incongruences* de Wulff peuvent être rythmisées par l'accent éthique[1]. Il approuve[2] l'opinion de Wulff que l'habitude de lire les vers français selon l'accent de la prose, tout à fait comme de la prose dramatique animée, est une nouveauté qui doit son origine à des constatations erronées.

Cela s'accorde avec l'avis exprimé au commencement de son livre : « Sa nature essentielle est que ni la longueur des syllabes, ni l'accent (grammatical) des mots ne sont respectés ; au contraire, l'arsis et la thésis, fixées rigoureusement à une syllabe, alternent, régulièrement[3]. » (Il parle du système alternant.)

Ces deux citations semblent être en contradiction absolue avec ce qu'il dit sur le conflit entre le mètre et l'accent grammatical (Widerspruch zwischen Metrum und grammatischen Accent)[4]: « Dans les *bons* vers dans

---

[1] Saran, *op. cit.*, p. 312.

[2] *Ibid.*, p. 204, 207 :

« Die Gewohnheit, französische Verse ganz nach dem Wortaccent, also wie Prosa zu lesen, bezeichnet er (Wulff) als eine Neuerung, die verkehrten Erwägungen ihren Ursprung danke... Mit Wulff und Tobler ist die Meinung und Forderung von vornherein abzulehnen, französische Verse müssten ganz wie dramatische, lebhaft bewegte Prosa gelesen werden. » Il ajoute : « Warum sich die ganz sinnlose Fessel anlegen, dergleichen prosaisch-rhythmische Dichtungen in syntaktischen, gereimten Gruppen von gleicher Silbenzahl abzufassen ? » Il ne comprend pas le rôle du mètre qui ajoute justement au rythme déjà existant un nouvel agrément. L'importance du syllabisme pour le mètre français est *un* fait, le rapport du mètre au rythme est *une autre* chose.

[3] *Ibid.*, p. 2. Voir ci-dessus, *Introd.* (2).

[4] Saran, *op. cit.*, p. 311 :

« Dass es bei *guten* Versen aller Sprachen Widersprüche zwischen Metrum und Sprachaccent überhaupt nicht giebt. Sie sind nur da, wenn man das Metrum durchweg bloss mit dem *grammatischen* Accent vergleicht und das Ethische unbeachtet lässt. Aber gerade auf dieses kommt es in der Poesie an. Scheinbar sehr grosse Ab-

toutes les langues il n'y a pas en général contradiction
entre le mètre et l'accent de la prose (Sprachaccent). Il y
en a seulement quand on compare le mètre avec l'accent
grammatical en négligeant l'accent éthique... Des incongruences apparentes ne sont le plus souvent rien autre
que des indications du poète sur l'accentuation éthique
voulue par lui. Aussi les vers français ne sont-ils aucunement mauvais à cause des incongruences fréquentes de
cette espèce qu'ils montrent. Au contraire, ils peuvent
être excellents. Ils ne sont mauvais que si l'ethos du
passage ne demande pas cette accentation et que le
poète se soit ainsi laissé asservir par le mètre seul. »

On n'échappe à la contradiction qu'en supposant qu'il
comprend par *Wortaccent* dans la première citation seulement l'accent grammatical, sans tenir compte de l'accent éthique — supposition confirmée par l'intercala-
tion du mot *grammatische* dans ma deuxième citation.
C'est que Saran semble penser *que les vers accentuels
se lisent selon l'accent grammatical seulement.* Il a l'air
de croire que lire des vers comme de la prose veut dire
négliger l'élément éthique tout à fait (Verse müssten
bei der Rezitation und Deklamation ihres Verscharak-
ters entkleidet, möglichst unversmässig gesprochen
werden, p. 207) et appuyer sur les syllabes frappées par
l'accent grammatical. C'est une erreur des plus complè-
tes. La prose même ne se lit jamais de cette façon. Per-

weichungen des Metrums vom grammatischen Accent sind nichts
anderes als Hinweise des Dichters auf die von ihm gewünschte
ethische Accentuierung. Deshalb sind französische Verse auch keines-
wegs schlecht, wenn sie viele und schwere *Widersprüche zwischen
Metrum und grammatischen Accent* enthalten. Im Gegenteil, sie
können dabei ganz vorzüglich sein. Schlecht sind sie nur, wenn
solche *Widersprüche* ohne innere, aus dem Ethos der Stelle abzu-
leitende Berechtigung vorkommen, wenn also der Dichter dem
Zwange des Metrums erlegen ist. »

sonne, en dehors de Charenton, n'a jamais soutenu le contraire. Il est plus qu'évident que « l'élément métrique a sa nature essentielle, il ne suffit pas qu'il se cache derrière la phrase, il doit se faire valoir clairement et inévitablement dans le débit du vers[1] ».

Seulement c'est *par la bonne accentuation grammaticale et éthique* (comme s'il s'agissait de la prose élevée) que le mètre se fait valoir, *non malgré elle*[2].

Saran dit catégoriquement : « Je nie de la façon la plus absolue que, dans les bons vers (Racine, Gœthe, Grillparzer, etc.), le moindre *conflit des accents* puisse se faire sentir, et l'alternative *mètre ou accent* se poser[3]. » Une citation[4] vient confirmer cette confusion : « Quand l'accentuation de la phrase (grammaticale et éthique) n'offre pas l'égalité (approximative) des syllabes (qu'exige le mètre), *c'est le mètre qui la produit*

---

[1] « Das Metrische macht, wie das Wesen eines jeden Verses, so auch seines aus und muss darum beim Vortrag deutlich hervortreten. » (Saran, *op. cit.*, p. 208.)

[2] Saran a le tort de fausser les idées de Wulff, qui, sans parler de l'accent éthique, semble le comprendre dans son *accent logique*. (Voir *Rythmicité*, p. 9, § 8.) Bien qu'en énumérant les trois causes d'altération de l'accent d'identité dans la phrase il n'en souffle mot, il en a compris l'importance. (*Värsbildning*, p. 46, § 33.)

[3] Saran, *op. cit.*, p. 313 :
« Ich leugne aber ganz entschieden, dass bei guten Versen... auch nur im geringsten *Widersprüche* fühlbar werden, und die Alternative *Metrum oder Accent* gestellt werden kann. »

[4] *Ibid.*, p. 317 :
« Wenn im Sprachaccent (grammatischen und ethischen) die (ungefähre) Zeitgleichheit der Silben nicht schon gegeben ist, wird sie an solchen Stellen durchs Metrum hergestellt : Vokaldehnung, Konsonantendehnung, Verlängerung des gehauchten Vokalabsatzes, kleine Pausen dienen diesem Zwecke. Nicht wenig trägt zur Herstellung des spondeischen Charakters auch bei, dass so oft accentuelle Hebungen *metrisch* in die Senkung *gedrückt*, accentuelle Senkungen (z. B. -e Silben!) zu rhythmischen Hebungen *erhoben* werden. Dies fördert die Angleichung der Quantitäten sehr. »

(je souligne) au moyen d'allongements de voyelles, de consonnes, petiles pauses, etc... Le fait que des syllabes accentuées *(accentuelle Hebungen)* deviennent métriquement des syllabes de thésis *(metrische Senkungen)* et que des syllabes faibles deviennent métriquement des syllabes d'arsis ne contribue pas peu à produire l'effet spondaïque des vers, puisqu'il aide à égaliser les syllabes. »

Saran admet ainsi que le mètre peut dénaturer le *Sprachaccent* (grammatical et éthique) [1].

Encore une contradiction : Saran affirme que « le principe alternant... doit s'accorder avec la nature essentielle de la langue... Il ne peut être une règle mécanique, imposée de l'extérieur. Il se base certainement sur une particularité inhérente de l'accentuation française ». Il confirme cet avis en déclarant que « le principe de l'alternation accentuelle des syllabes trouve évidemment déjà son application dans la prose française. La poésie ne fait qu'ériger en règle une tendance prépondérante de la prose. Il en est du principe alternant comme des principes quantitatifs et accentuels : il se base sur la nature essentielle de la langue [2]. »

Ces deux citations sont cependant en contradiction avec ce qu'il dit sur la nature des formes métriques en

---

[1] Saran, p. 282.

[2] *Ibid.*, p. 284. Le texte allemand est le suivant :
« Das alternierende Prinzip... muss mit der Natur der Sprache übereinstimmen... Es kann keine mechanische, äusserliche Regel sein. Es baut sich gewis auf einer wesentlichen Eigenschaft des französischen Sprachaccents auf... Offenbar ist... das metrische Prinzip der Silbenalternation schon in der französischen Prosa angelegt. Die Poesie erhebt nur zum Gesetzt, was in der Prosa als vorherrschende Neigung lebt. Es verhält sich bei der Alternation nicht grundsätzlich anders, als beim quantitierenden oder accentuierenden Prinzip : auch sie stützt sich auf die Natur der Sprache. »

général. « Les formes métriques rigidement détermi-
nées... ne se basent pas, en tout cas, sur la nature de
la langue ou de la musique... Elles sont imposées de
dehors, non évoluées d'en dedans [1]. » Puis, après avoir
donné des exemples (p. 278-80) de la déformation des
vers sur la scène par la prononciation de prose, il
résume l'argument en ces mots : « Ainsi par l'introduction de l'accent de prose (Sprachaccent) le mouvement *alternant* de l'alexandrin est dans plusieurs
endroits détruit ou tout au moins altéré [2]. »

Évidemment, l'ictus métrique ne peut pas en même
temps s'accorder et ne pas s'accorder avec le *Sprachaccent* (cette fois il n'y a pas de doute possible !).

C'est que Saran, pour prouver une hypothèse insoutenable, postule une accentuation impossible, dont l'impossibilité ressort à tout moment. Il tâche de résoudre
le problème du *Widerspruch* apparent en niant qu'il
existe. C'est comme si un homme d'État voulait résoudre la question sociale en déclarant : « Question sociale :
il n'y en a pas ! »

Ainsi Saran semble avoir voulu distinguer le mètre
d'avec le rythme ; seulement, à cause d'une conception
assez déconcertante du mètre français, il n'a pas réussi
à en mettre en lumière les qualités distinctives.

Saran divise le vers (die Kette) alexandrin en deux
hémistiches (Reihe), et chaque hémistiche en trois
Glieder, qui se groupent, selon lui, le plus souvent en

[1] Saran, p. 211 :
« Fest geschlossene metrische Form... ist jedenfalls nicht im Wesen
der Sprache oder der Musik begründet... Sie ist immer von aussen
hineingetragen, nicht von innen entwickelt. »
[2] « So wird durch Einführung des Sprachaccents der alternierende
Alexandrinerrhythmus an vielen Stellen zerstört oder doch gestört. »
(P. 280.)

deux *Bünde*. Établir ainsi une division *rythmique* obli
gatoire — car il s'agit, on le voit bien [1], d'une division
purement rythmique, c'est-à-dire en groupes accentuels [2] — c'est confondre la division temporelle en
périodes avec la division accentuelle en groupes.

Il divise le vers

Je viens, selon l'usage antique et solennel

de la façon suivante :

Je viens ; selon l'u, sage ; antique ; et solen, nel

(je mets ; entre les *Bünde* et , entre les *Glieder*).

Ces *Bünde* se conforment, selon lui, à un des types
suivants (p. 340) :

[/ = *rhythmische Hebung;* ᴗ = *rhythmische Senkung*]

<pre>
          ᴗ
       ᴗ / ᴗ
       ᴗ / ᴗ   /
       ᴗ / ᴗ   / ᴗ
       ᴗ /   ᴗ /
       ᴗ /   ᴗ / ᴗ
</pre>

à part quelques types très rares de vers où l'hémistiche se décomposant immédiatement en *Glieder,* il
n'y a pas de *Bünde*.

Ces *Bünde* correspondent, on le voit, d'une façon
générale [3] — confusion à part — aux groupes accentuels. Quand le *Bund* contient deux accents, le premier
est le plus souvent faible et peut être regardé comme
un accent secondaire. Saran admet même que les *Bünde*
de l'alexandrin sont *mager* — c'est-à-dire qu'un *Glied* y

---

[1] Voir p. 334 et (en général) 329, 336, 403 et suiv.

[2] Il conçoit cette division autrement que moi, il est vrai.

[3] Sauf dans le cas où il n'y a pas *correspondance* du mètre avec le
rythme à la césure et à la fin du vers.

est subordonné à l'autre [1], et que des deux *Glieder* le
second l'emporte presque toujours sur le premier [2]. Cela
revient à admettre que l'accent du second *Glied* est plus
fort que celui du premier et que les deux *Glieder* ne
forment ainsi qu'*un* seul groupe accentuel.

Par exemple [3] :

ai-je be, soin (du sang)

où sur le, mont (Sina)

d'adora, teurs (zélés).

Bien qu'il soutienne que les *Sprechverse* (vers décla-
més par opposition aux vers chantés) ne sont jamais
mesurés, Saran admet que : « Les *schwere Hebungen*
sont quelque peu plus longues que la *Senkung* qui suit
immédiatement et que les *leichtere Hebungen* [4] (ici je
n'ose pas traduire). C'est là l'explication du fait que la
voix semble passer plus vite sur les *leichtere Hebungen*
et les syllabes voisines. » De plus, il admet que les
Bünde à un accent sont en général *schwer* — c'est-à-
dire *contiennent une syllabe forte* [5].

[1] Saran, p. 410.
[2] *Ibid.*, p. 412.
[3] *Ibid.*, p. 368.
[4] *Ibid.*, p. 317 :
« Schwere Hebungen werden... meist etwas länger genommen als
eine nicht *gedrückte* darauf folgende Senkung und auch als die leich-
teren Hebungen. So erklärt sich der Eindruck, dass in vielen
Versen schneller über leichtere Hebungen und die herumliegenden
Silben hinweggeglitten wird. »
[5] *Ibid.*, p. 416. Il ajoute :
« *Sind die Hebungen leicht* ...dann enthält das Glied gewöhnlich
beschwerte Senkung und wird dadurch gewichtig. » Mais l'accentuation *ose dés prem-* (n° 61, p. 364) est, par exemple, évidemment
impossible ; il en est de même de beaucoup de ses exemples de ce
phénomène. D'autre part, dans *ou je viens, vous sortez?* (n°⁵ 63 et 71)
la seconde syllabe est bien accentuée, mais la troisième n'en reste
pas moins la plus forte ; c'est un cas de recul.

Il admet encore que les *Bünde* à deux accents ont en général *ein leichtes Glied* et sont *eng*[1] — c'est-à-dire que la division en *Glieder* ne se fait pas remarquer par une division phonétique marquée (par une pause soit d'arrêt, soit de suspension). Il n'y a ainsi dans ces *Bünde* qu'un accent fort et toutes les autres syllabes se subordonnent à la syllabe frappée par cet accent-là.

Voici son admission capitale : « Cette différenciation des *Bünde* a apparemment le but de produire un certain balancement des parties constitutives du vers. Le Bund à *un* accent ne doit pas être opprimé par le Bund à deux accents, mais doit autant que possible lui faire contre-poids[2]. »

Sans me livrer à une critique de détail, je constate que Saran admet, sinon en principe, du moins dans la pratique, la division temporelle de l'alexandrin. Il admet que dans le *Voyage de Charlemagne* aussi bien que dans l'*Athalie* de Racine « le type le plus commun d'hémistiche est B [× _/ × ; _/ ×, _/ (×) ou très rarement × _/ × ; _/, × _/ (×)] parce que dans ce type les deux Bünde sont le mieux balancés : trois syllabes contre trois (ou quatre) ». (p. 415.)

Aussi son système revient-il à dire que l'hémistiche de l'alexandrin se divise en deux périodes temporelles égales, *correspondant* aux groupes accentuels — *mais que l'accent ne tombe pas nécessairement sur la dernière syllabe du groupe.*

---

[1] Šaran, p. 416.

[2] *Ibid.*, p. 416 :

« Diese Verschiedenheit der Bünde hat sichtlich den Zweck ein gewisses Gleichgewicht der Reihenteile herzustellen. Das einhebige Bund soll vom zweihebigen nicht unterdrückt werden, sondern ihm soweit als möglich die Wage halten. »

Selon lui les groupes seraient accentués ainsi qu'il suit :

$$1 \ \overset{//}{2} \ ; \ 3 \ \overset{/}{4} \ 5 \ \overset{//}{6}$$

$$1 \ \overset{//}{2} \ 3 \ ; \ \overset{/}{4} \ 5 \ \overset{//}{6}$$

$$1 \ \overset{/}{2} \ 3 \ \overset{//}{4} \ ; \ 5 \ \overset{//}{6}$$

$$1 \ \overset{/}{2} \ 3 \ \overset{//}{4} \ 5 \ ; \ \overset{//}{6}$$

(/ = accent secondaire, // = accent primaire)

Saran s'efforce ainsi de garder intact le rythme et le mètre ; de concilier une théorie purement accentuelle avec une théorie purement temporelle. Il échoue. On ferme son livre avec une idée assez confuse d'un mètre arbitraire qui vient s'imposer sur une matière rythmique rebelle ; mètre où toutes les syllabes s'égalisent accentuellement et temporellement pour que l'ictus métrique puisse, sans rencontrer d'obstacle, se battre d'une façon alternée. Il a beau protester, s'expliquer ; c'est là l'impression définitive qu'on garde de la lecture de son livre. Voici l'explication :

(1) Saran fut frappé par le fait que les vers français se lisent beaucoup plus d'un trait, beaucoup plus sur une ligne, que les vers allemands ou anglais. (2) Il se rendit compte de l'effet de l'accent éthique sur un mot français. Il exagéra même l'importance de ce fait, pensant que lorsque l'accent recule sous l'influence de l'accent éthique, la syllabe sur laquelle il recule devient *aussi* forte que la dernière syllabe , frappée par l'accent grammatical. Le recul avait ainsi pour lui un effet nivelant, bien plus égalisateur qu'il n'est en vérité. Il avait bien raison de penser que l'accent de la dernière syllabe restait toujours aussi fort que celui de la syllabe

affectée par le recul — il ne voyait pas qu'il restait non seulement aussi fort mais plus fort.

L'ictus ne trouvait pas toujours — il était plus qu'évident — un accent *grammatical* pour le marquer. Saran s'imagina alors que toutes les fois que, selon son système métrique, l'ictus tombait sur une syllabe sans accent grammatical (même d'identité secondaire) l'*ethos* des paroles exigeait un recul de l'accent. C'était faire vraiment trop la part de l'accent éthique !

III

La période temporelle et ses éléments constitutifs.

———

I

CONSIDÉRATIONS GÉNÉRALES

(1) Je reprends la phrase initiale de la IIe partie pour l'amplifier : La phrase forme ainsi, en prose comme en poésie, un dessin rythmique composé de groupes accentuels plus ou moins longs séparés par des pauses plus ou moins longues; dans lesquels, sans qu'on tienne compte du ton qui monte et qui descend, certaines syllabes « ressortent » plus que d'autres, celles dites plus ou moins accentuées.

Il a été établi que :

(1) Il y a entre chaque groupe accentuel et son voisin une pause plus ou moins longue.

(2) Il y a dans chaque groupe accentuel une syllabe plus accentuée que les autres.

(3) Il n'y a pas de pause à l'intérieur d'un groupe accentuel.

(4) Les syllabes les plus accentuées sont aussi les plus longues.

Ainsi dans chaque groupe accentuel il y a une syllabe — celle frappée par l'accent principal — plus longue que les autres.

I. Prenons tout d'abord le cas d'*un groupe accentuel auquel,* avec la pause précédente, *correspond une période temporelle.*

Cette période temporelle contient ainsi *une syllabe plus longue que les autres.* Aucune autre syllabe de la période ne peut être aussi longue, bien qu'une autre période puisse en contenir d'également ou même de plus longue.

Chaque période temporelle se compose ainsi d'une syllabe longue [de la catégorie (1) en français et O ou I en anglais] avec ou sans d'autres syllabes moins longues, *mais toujours avec une pause, élément indispensable de toute période correspondant à un groupe accentuel.*

Aussi une période temporelle d'alexandrin se constitue-t-elle de la façon suivante :

Pause + de 0 à 4 syllabes relativement brèves
    + syllabe longue

et une période temporelle de *blank verse* ainsi qu'il suit :

Pause + de 0 à 2 syllabes relativement brèves
    + syllabe longue.

Les quatre périodes de l'alexandrin sont d'une longueur égale entre elles : de même les cinq périodes du vers de *blank verse.*

Il faut bien se garder de tomber dans l'erreur de Guyau qui laisse influer *le mètre* sur la longueur des syllabes. Le mètre se sert de ce qu'il trouve, il ne crée rien. Ainsi Guyau a-t-il tort de dire que « la syllabe de

l'hémistiche et celle de la fin du vers, tombant sur un
temps fort (du mètre), tendent à gagner non seulement
en intensité, mais en durée; elles se prolongent et
empiètent un peu sur les autres syllabes, dont les plus
brèves deviennent des doubles croches [1].. Ainsi la césure
allonge le sixième pied et en raccourcit d'autres par
compensation [2] ». C'est mettre la charrue devant les
bœufs.

II. Une période accentuelle peut se présenter *qui ne
correspond pas à un groupe accentuel* : c'est ce qui
arrive dans les cas suivants :

(1) La période peut renfermer entièrement plus d'un
groupe accentuel.

(2) Un groupe accentuel peut se partager sur deux
(ou plusieurs) périodes temporelles.

(3) En analysant des vers de l'école dite décadente on
trouve bien d'autres cas où une période contient (i) en
tout ou en partie un groupe avec le commencement d'un
autre (ii), la fin d'un groupe avec tout un autre. Mais,
toujours en français, et en anglais lorsque le groupe
finit par une syllabe grammaticalement accentuée (dans
le cas contraire le phénomène se présente assez souvent
dans de bons vers),ces cas peuvent être écartés comme
n'étant pas du tout métriques, sauf très exceptionnellement. Des vers comme les suivants sont de la prose :

Hasards de hordes groupant déserte (que garde
l'Œil ! témoin qui veille au-dessus de la Main à
la hache), groupant déserte dans la hagarde
éternité des horizons, la proie à la
lumière et la nuit trop latentes qu'ils se sentent.

(René Ghil.)

---

[1] Guyau, *op. cit.*, p. 187.
[2] *Ibid.*, p. 188.

Les périodes *des* ⋀ *group* - ; - *pant* ⋀ *déserte* ; *qui veille* ⋀ *au* ; *groupant* ⋀ *dé* ; *et la nuit* ⋀ *trop* rentrent dans cette catégorie de périodes non métriques[1].

L'accent se fait tant valoir dans les langues modernes que, bien qu'un ictus puisse frapper une syllabe sans accent, si le mètre est évident, *les syllabes les plus accentuées doivent coïncider avec des ictus*. Si une syllabe fortement accentuée se trouve entre deux syllabes sur lesquelles l'ictus se bat, le mètre est forcément altéré et même détruit.

Considérons les vers suivants :

(i) Tout un long jour d'ivresse et d'effroyables luttes

On pourrait croire qu'il fallût diviser ce vers en périodes temporelles ainsi :

Tout un long | jour d'ivresse, etc.

tandis que la division en groupes accentuels est évidemment

Tout un long jour   d'ivresse.

Une période contiendrait alors tout le groupe *d'ivresse* avec la fin du groupe *Tout un long jour*. Ce serait le cas (3) ii prévu ci-dessus. (Un accent principal se trouve à l'intérieur d'une période : la période précédente cependant ne finit pas par une syllabe frappée par un accent principal.)

S'il fallait diviser le vers de cette façon, il serait mauvais, ambigu *comme division métrique*. Ce vers cependant admet (exige même) la division métrique

Tout un long jour | d'ivresse,

correspondant à la division accentuelle. La pause entre

---

[1] J'indique par ⋀ la pause entre deux groupes accentuels.

les deux groupes supplée à l'insuffisance des syllabes des mots *d'ivresse*.

D'autre part le vers

(ii) Ami, ton cœur profond est tel que cette mer

semble ne pas admettre une division métrique correspondant à la division accentuelle. C'est une erreur. La période [*Ami* avec la pause qui précède ce groupe] est égale à la période [*ton cœur profond* avec la pause beaucoup plus courte qui précède ce groupe]. Le second hémistiche n'offre aucune difficulté après l'exemple (i) ci-dessus.

Il faut remarquer que, tandis que des syllabes qui ont subi le phénomène de *recul* de l'accent n'offrent pas de difficulté en français, prenant facilement place à l'intérieur d'une période temporelle, ces syllabes en anglais, étant suivies d'une pause, allongent beaucoup la période, à part le fait qu'elles sont aussi accentuées que les syllabes frappées par l'accent grammatical, et doivent être placées très soigneusement pour éviter une altération du mètre.

Par exemple, le vers

And all the sunset strike upon her hair

(où, supposons, *her* est emphatique) est peu métrique, tandis que le vers

And all the sunset strike on Helen's hair

est tout à fait métrique.   Pourquoi ?

Considérons les mots *upon her hair*, qui forment un groupe grammatical et deux groupes accentuels, *her* étant emphatique. Comment faut-il les partager entre les deux périodes nécessaires ? la division *upon her* | ⋀ *hair* correspondrait à la division accentuelle. Mais

la première période est par trop longue (sans compter
le fait que la cinquième période ne contient qu'une syllabe, contrairement à la règle du *blank verse* syllabique) [1].

La division *upon* | *her* ∧ *hair*, sans être beaucoup plus
conforme aux exigences temporelles du mètre, serait
accentuellement on ne peut plus fâcheuse. Il y aurait un
ictus sur une syllabe relativement faible suivi immédiatement par une période contenant deux accents principaux *de groupes accentuels*, le cas (3) ii ci-dessus.

Le vers est mauvais : du moment que la division
métrique n'est pas claire un vers est mauvais. L'autre
vers cependant est très bon, les mots *on Helen's hair*
n'offrant pas de difficulté du tout.

Ainsi la période temporelle peut :

(1) n'avoir pas de pause au commencement (II (1) ci-
dessus) ou

(2) avoir une pause au milieu aussi bien qu'au commencement (II (2) ci-dessus).

De plus, *dans le premier cas,* s'il n'y a pas correspondance entre le mètre et le rythme à la fin de la période,
*il peut se présenter une période temporelle sans
syllabe frappée par un accent principal de groupe
accentuel.*

Mais, vu que :

(1) Les syllabes du groupe accentuel se partagent,
ou peuvent se partager, entre cinq catégories accentuelles,

(2) La seule catégorie de syllabes qui puisse, sans
intervention d'une syllabe appartenant à une catégorie

---

[1] Voir ci-dessous, III (2) *Le syllabisme et le non-syllabisme.*

ou plus ou moins accentuée, se présenter, deux ou davantage à la fois, est la cinquième.

Il y a *le plus souvent* dans chaque période temporelle de cette classe *une syllabe plus accentuée* que les autres.

Il arrive néanmoins quelquefois, en anglais, qu'une période se compose exclusivement de syllabes appartenant à la cinquième catégorie (syllabes dites non accentuées).

Dans *le second cas*, d'ailleurs relativement rare, il peut se présenter une période temporelle avec deux accents principaux de groupe accentuel. Si les deux accents ont une valeur inégale, le plus fort se subordonne à l'autre. Si les deux accents n'ont pas une différence de relief très marquée et que la subordination ne se fasse pas ainsi facilement, le mètre a beaucoup de chances d'être perdu[1]. Si la syllabe sur laquelle *l'ictus* doit se battre est celle frappée par le *moins* fort de ces deux accents, le mètre est tout à fait faussé.

La non-correspondance est donc parfaitement admissible. Une correspondance trop régulière (même à la césure et à la fin du vers) produit une monotonie et une raideur presque insupportables. Il y a, nous l'avons vu, des limites à cette liberté :

(1) Les périodes temporelles doivent être marquées par un ictus qui, à son tour, a besoin d'une syllabe frappée par un accent relativement fort pour pouvoir se battre (sauf dans un cas, considéré ci-dessous, pp. 118 et suiv.). Cet accent doit être assez fort pour bien permettre à

---

[1] Sauf dans un vers syllabique strict, et peut-être dans une période syllabique d'un vers syllabique ordinaire — pourvu que le mètre soit clair.

l'ictus de s'extérioriser ; il doit donc appartenir aux
catégories (1), (2), tout au plus (3) en français, O I, tout
au plus II et III en anglais. Si l'accent appartient aux
catégories (4), (5) en français ou IV en anglais, le vers
est mauvais, *non métrique.*

(2) Il ne doit pas y avoir à l'intérieur d'une période
temporelle une syllabe aussi accentuée que la syllabe
sur laquelle l'ictus se bat. Ainsi un groupe accentuel ne
peut finir à l'intérieur d'une période temporelle sauf
lorsque l'accent principal de ce groupe est faible relativement à l'accent qui marque l'ictus de la période temporelle dont il s'agit, ou que l'accent principal ne frappe
pas la dernière syllabe du groupe — cas qui ne se présente pas en français.

Le cas où une période se compose de deux ou plusieurs syllabes faibles appartenant à la cinquième catégorie suscite le problème du rôle de l'accent dans le
mètre et de la possibilité d'y suppléer.

Lanier a formulé la loi [1] : « Même où des rapports simples de temps existent entre les sons constitutifs, à
moins qu'ils ne se succèdent dans un ordre tel que la
somme des temps compris entre deux accents quelconques est exactement égale à la somme des temps
compris entre deux autres accents quelconques, aucune
rythmisation ne peut être effectuée par les accents. »

Il a raison. Omond ne s'explique pas nettement sur
sa façon d'entendre la question. On peut cependant supposer qu'il est d'avis que l'ictus se bat toujours sur la

---

[1] *Op. cit.*, p. 99 :

« Even where simple time relations exist among the constituent
sounds, unless these follow each other in such an order that the sum
of the times included between any two accents is exactly equal to the
sum of the times included between any other two accents, no rhyth-
mization can possibly be affected by accents. »

même syllabe dans chaque période et, si cette syllabe
n'est pas la dernière, qu'elle divise toujours la période
de telle façon que la partie de la période qui suit la
syllabe accentuée (qui marque l'ictus) est dans chaque
période toujours de la même valeur temporelle — et le
reste de la période de même. C'est bien la même règle
que celle établie par Lanier.

S'il y avait entre chaque groupe accentuel et son
voisin une pause *très marquée* et qu'à chaque groupe
ainsi différencié correspondît une période temporelle,
une syllabe accentuée serait inutile pour marquer l'ictus
et, par l'ictus, la division en périodes isochrones. Mais ce
cas est purement théorique. Il y a très souvent manque
de correspondance ; même si les groupes correspondent
aux périodes, la pause entre une paire de groupes
quelconques n'est pas assez marquée.

En latin et en grec c'était, paraît-il, la syllabe longue
revenant à des intervalles égaux qui permettait à l'ictus
de se battre et aux périodes de se mesurer. Les syllabes
longues ne cumulaient pas toutes les qualités qui servent à donner du relief à une syllabe. Il y avait d'autres
syllabes qui ressortaient peut-être autant, mais d'une
façon différente (celles dites accentuées). Dans les langues modernes, il n'y a qu'une catégorie de syllabes qui
ressortent, qui réunit toutes les qualités qui distinguent
une syllabe des syllabes voisines, intensité, longueur, etc.
L'esprit ne remarque qu'une sorte d'importance relative, correspondant aux diverses catégories de ce que
j'ai appelé l'accent ; tandis qu'en latin et en grec il en
remarquait, paraît-il, deux, dont une seulement pouvait
servir à marquer l'ictus métrique.

C'est donc l'accent qui conditionne[1] l'ictus dans le

----

[1] Cp. Patmore, *op. cit.*, p. 230 :
« Cependant, si important que soit cet ictus, je crois qu'on peut

français et dans l'anglais. Si la position de la syllabe accentuée marquant ainsi l'ictus était libre, l'ictus n'aurait pas de régularité et n'indiquerait rien. Vu que la pause entre les groupes accentuels est très souvent peu marquée, *la division temporelle est le mieux indiquée, même lorsqu'il y a correspondance, et surtout quand il n'y en a pas, par un ictus se battant sur la première ou la dernière syllabe de chaque période.* Dans le premier cas il n'y a pas de pause avant la syllabe accentuée qui marque l'ictus ; dans le second il n'y en a pas après. [L'accent ne peut occuper d'autre position que lorsque la correspondance est très bien marquée. Ainsi le poème cité par Omond[1] *The Battle of the Battle* (un des exemples les plus éclatants du jingoïsme anglais : on en nourrit les jeunes aspirants à la mentalité impérialiste) qu'il scande ainsi :

> Like levía | thans aflóat ∪
> Lay their búlwarks | on the bríne ∪
> While the sígn of | battle fléw ∪
> On the lófty | British líne ∪
> It was tén of | April mórn ∪ | by the chíme ∪

etc., ne peut pas supporter la division indiquée, car les périodes *While the sign of, It was ten of,* par exemple, ne correspondent pas à des groupes accentuels.]

L'accent qui permet à l'ictus de se battre tombe ainsi à des intervalles égaux [2] et frappe presque tou-

---

démontrer que, en général, il n'a aucune existence matérielle et extérieure. Il n'existe que dans l'esprit, qui demande le rythme partout et, chaque fois que l'idée du rythme peut être acceptée *(wherever the idea of measure is uncontradicted),* prend plaisir à le marquer par un battement imaginaire. »

[1] *Op. cit.*, p. 129.

[2] La syllabe ainsi accentuée est comprise dans l'intervalle. Cette précaution est nécessaire parce que l'accent qui marque l'ictus ne frappe évidemment pas toujours une syllabe de la même longueur — et

jours_ la première ou la dernière syllabe de chaque période.

Dans les systèmes de Becq de Fouquières, de de la Grasserie et de d'Eichthal, l'accent qui marque l'ictus frappe, par analogie avec la musique, toujours la première syllabe de chaque période. C'est là une complication bien inutile ! L'accent tombant en français toujours sur la dernière syllabe du groupe accentuel, il n'y a avec le système de ces métriciens *jamais* correspondance du mètre avec le rythme. L'ictus se bat bien plus naturellement ainsi sur la dernière syllabe de chaque période.

Des métriciens anglais, quelques-uns — Cotterill et Dabney — mettent l'ictus toujours sur la première syllabe de chaque période, d'autres, à savoir Lanier, le mettent à sa place naturelle, soit sur la première, soit sur la dernière syllabe (soit ailleurs, voir p. 163 sur le mètre du *Piers Plowman*).

cela à cause (1) de la variabilité de la valeur accentuelle de l'accent principal de groupe accentuel et par conséquent de la valeur temporelle de la syllabe qu'il frappe ; et (2) de la non-correspondance du mètre avec le rythme.

II

C'est le moment d'aborder le cas où la période temporelle n'a pas de syllabe plus accentuée que la ou les autres.

Tout d'abord pourtant faut-il établir une distinction entre un mètre syllabique et un mètre non-syllabique.

Le meilleur exemple d'un vers syllabique en anglais est le *blank verse* de Milton dans le *Paradis Perdu,* (je souligne certaines périodes sans syllabe spécialement accentuée)[1] :

> Of man's | first dis | obed | *ience and* | the fruit
> Of that | forbid | den tree | whose mor | tal taste
> Brought death | *into* | the world, | and all | our woe | ...

On peut, en général, appeler un mètre syllabique si chaque période contient un nombre égal de syllabes, avec ou sans pause, ou si, dérogation étant faite à cette règle, l'impression générale de l'effet syllabique subsiste.

---

[1] Il regarde mon honneur de métricien de suggérer une scansion de ce vers célèbre. La première, la troisième et la dernière période ne présentent pas de difficulté. La seconde contient deux accents principaux de groupe accentuel : celui de la syllabe *first* devenue, à cause de son importance éthique, aussi accentuée que l'accent grammatical du groupe logique, celui de *-bed ;* et celui de la syllabe *dis* — frappée d'un accent « secondaire » aussi fort que l'accent primaire du mot *disobedience.* Mais le vers étant strictement syllabique, et le mètre n'admettant pas le moindre doute, la période est bonne (voir ci-dessus, p. 113). La période | *ience and* | contenant deux syllabes de la catégorie dite non accentuée est parfaitement admissible.

On peut distinguer les vers anglais et français comme syllabiques et non syllabiques, ainsi qu'il suit :

Le vers syllabique contient toujours le même nombre de syllabes, convenu d'avance.

I. Le type usuel de vers syllabique *anglais* est un vers de cinq périodes contenant dix syllabes — le blank verse syllabique.

Les lois de ce vers sont les suivantes :

(1) Chaque période contient normalement deux syllabes.

Certaines dérogations à cette régularité sont permises, à savoir :

(2) Une période peut ne contenir qu'une syllabe. Dans ce cas la période suivante en contient trois.

(3) Une période peut contenir trois syllabes. Dans ce cas la période suivante n'en contient qu'une.

Deux conditions portent pourtant restriction à cette liberté :

(4) La cinquième période ne peut être irrégulière qu'à condition que la quatrième le soit aussi et d'une façon complémentaire.

(5) La cinquième période ne peut jamais ne contenir qu'une seule syllabe.

C'est-à-dire que les types suivants sont admissibles :

$$2 \quad 2 \quad 2 \quad 1 \quad 3$$
$$2 \quad 3 \quad 1 \quad 1 \quad 3$$
$$2 \quad 1 \quad 3 \quad 1 \quad 3$$
$$1 \quad 3 \quad 2 \quad 1 \quad 3$$
$$3 \quad 1 \quad 2 \quad 1 \quad 3$$

[et les types suivants (entre autres) inadmissibles

$$2 \quad 2 \quad 3 \quad 1 \quad 3$$
$$2 \quad 2 \quad 1 \quad 3 \quad 3$$
$$3 \quad 1 \quad 3 \quad 1 \quad 3$$

$$1 \quad 3 \quad 3 \quad 1 \quad 3$$
$$3 \quad 1 \quad 1 \quad 3 \quad 3$$
$$1 \quad 3 \quad 3 \quad 1 \quad 3 \quad]$$

Milton, dans son *Paradis Perdu,* ne néglige jamais
ces règles, à part quelques syllabes dites *extramétriques*
(qui ne le sont pas, bien entendu) à la fin et à l'intérieur
du vers (dans ce dernier cas toujours avant une pause
qui englobe la syllabe dont il s'agit), Les exceptions
apparentes se laissent facilement expliquer. (Voir
Bridges, *op. cit.,* p. 11-12.)

Par exemple le vers :

Illumine ; what is low | *raise* | *and support* |

est syllabique : la cinquième période est irrégulière,
mais en revanche la quatrième l'est aussi et de façon
complémentaire. La division en périodes est évidemment celle indiquée : le sens l'exige, il y a une forte
pause avant *raise* et une pause beaucoup moins importante avant *and.* Les deux périodes *raise* et *and sup-
port* ont donc, à cause de la disposition et de la valeur
des pauses et à cause de l'importance accentuelle (et
temporelle) de *raise,* la même longueur.

On peut imaginer un vers syllabique dans lequel
chaque période contienne normalement trois syllabes.

D'autres vers syllabiques se rencontrent, où il y a un
schéma, symétrique de vers en vers, de périodes contenant un nombre variable de syllabes.

Dans ces deux cas, aucune infraction du nombre
exact n'est possible, sans porter atteinte à l'effet syllabique.

II. En français, tous les vers, sauf ceux dit libres,
sont syllabiques.

Dans l'alexandrin :

(1) La période contient normalement trois syllabes. Mais :

(2) Une période peut ne contenir que deux syllabes et même une syllabe.

(3) Une période peut contenir quatre et même cinq syllabes.

Pourvu que (l'égalité des périodes étant conservée, bien entendu),

(4) les deux premières périodes ensemble contiennent toujours six syllabes, et les deux dernières de même.

Dans un vers non syllabique, soit français, soit anglais, il n'y a pas de restriction au nombre de syllabes dans chaque période, sauf la condition de ne pas dénaturer le rythme.

En anglais, la limite pratique est fixée à trois ou tout au plus quatre syllabes. En français, cinq syllabes semblent constituer le maximum.

Très rarement une période peut ne contenir aucune syllabe ; elle est complètement remplie par une pause.

On peut prendre comme exemple d'un vers non syllabique « le grand mètre Gothique allitéré » dans une de ces formes anglo-saxonnes ou allemandes (Beowulf, Niebelungenlied, Hildebrandslied). C'est, selon Patmore[1], « un des mètres les plus parfaits qu'on ait jamais inventés, si ce n'est le plus parfait, par rapport à la langue à laquelle il était destiné... La loi générale de ce mètre est qu'il doit consister dans une série de vers, dont chacun est divisé par une forte césure en deux parties ou hémistiches. Chaque hémistiche contient deux syllabes accentuées et un nombre indéfini de

---

[1] *Op. cit.*, p. 248 et suiv.

syllabes non accentuées. Les accents sont parfois, quoique rarement, consécutifs, et d'autres fois, quoique
aussi rarement, précédés, suivis ou séparés par trois
syllabes sans accent. Car ce nombre est le plus grand
qui puisse être prononcé sans détruire l'égalité de temps
approximative entre deux accents ; ceci... est la loi
primordiale du mètre dans toutes les langues. Dans le
premier hémistiche, les deux syllabes accentuées font
allitération, et cette allitération se continue sur... une
des syllabes accentuées du second hémistiche. Cette
loi... est on ne peut plus admirablement capable de
remplir les conditions d'un mètre véritablement accentuel, c'est-à-dire d'un mètre qui, abandonnant complètement l'élément de quantité syllabique naturelle (natural syllabic quantity), fait de la mesure isochrone l'unité
métrique, et se permet de remplir cette durée de la
même façon qu'en musique... Il faut observer que,
selon la loi de ce mètre, l'hémistiche... qui comprend
deux accents peut contenir de trois à sept syllabes et
même davantage ; deuxièmement, que l'existence de ce
mètre, comme de tous les autres, dépend des positions
facilement connaissables des accents métriques... troi-
sièmement, que dans une langue consistant principalement en monosyllabes, comme l'anglo-saxon, la position de l'accent dans une série de syllabes est souvent
douteuse, à moins qu'il ne tombe assez régulièrement
sur toutes les deuxièmes ou troisièmes syllabes, comme
dans les vers iambiques et anapestiques, ou à moins
qu'on ne puisse reconnaître immédiatement sa position
à l'aide de quelque artifice... La loi de l'allitération est
le seul moyen intrinsèque... d'indiquer immédiatement
l'accentuation métrique voulue[1]. »

---

[1] Je n'accepte que provisoirement cette idée de Patmore : il me

Exemples [1] :

> Ne míhte thær for wǽtere wérod to tham óthrum :
> thǽr com flówende flód æfter ébban,
> lúcon lágustreamas : to láng hit him thúhte.
> hwǽenne hi togǽdere gáras bǽron

> > [*Batlle of Maldon* (993)
> > vers 64-67]

> > Óft him ánhaga áre gebídeth
> > Métodes míltse, theáh the he módcearig
> > Geónd lagulǽde lónge sceólde
> > Hréran mid hóndum hrímcalde sǽ.

> > > [*Wanderer* — date inconnue
> > > vers 1-4]

Je reprends la considération du cas d'une période sans syllabe spécialement accentuée.

Il faut que la position de l'ictus qui indique la division en périodes soit claire. Aussi une période sans syllabe accentuée ne peut-elle être métrique que *dans un vers syllabique ;* et dans un vers syllabique seulement *une période strictement syllabique* peut supporter le manque d'une syllabe accentuée. Ici il n'y a pas de doute sur la division en périodes, l'ictus peut se battre sans que la syllabe sur laquelle il tombe soit le moins du monde accentuée [2].

Par exemple :

> | *And in* | luxurious cit | *ies where* | the noise...
> Served only to discover sights of woe...

semble que l'anglo-saxon devait avoir une accentuation régulière et connue. Nous (y compris Patmore) ne savons pas accentuer comme il faut une phrase d'anglo-saxon ; cela ne veut pas dire que l'accentuation était le moins du monde douteuse pour les Anglo-Saxons. Et si, en prose, l'accentuation avait ses règles connues, ces règles avaient certainement une application identique en poésie. Le mètre ne crée pas le rythme.

[1] D'après Lanier, *op. cit.*, p. 142 et suiv. Voir Saran, *op. cit.*, p. 142 et suiv.

[2] Il faut bien remarquer que dans ce cas la syllabe sur laquelle l'ictus se bat *ne doit être aucunement accentuée* dans la lecture. Le rythme doit être respecté.

Nor served | *it to* | relax their serried files...
A dungeon horr | *ible* | on all sides round...

(Milton P.P. [1].)

Quand je dis *un vers syllabique*, je veux dire un vers syllabique dans un poème ou un passage où les vers syllabiques prédominent, bien qu'il puisse contenir des vers non syllabiques : je n'entends pas un vers fortuitement syllabique dans un passage ou un poème non syllabique. Mais on ne peut pas trop préciser la question : cela dépend des conditions particulières de chaque cas.

D'après ce qui est dit ci-dessus il s'ensuit que l'accent ne peut jamais manquer dans une période française — parce que :

(1) La plupart des périodes ne sont pas syllabiques, même dans un vers syllabique (comme l'alexandrin).

(2) Celles qui le sont contiennent plus de deux syllabes — à savoir trois. (Voir page 120.)

Si ce n'est qu'il n'explique pas, malgré quelques indications assez vagues, qui d'ailleurs ne s'accordent pas avec sa théorie générale, pourquoi les vers qu'il appelle *stressed* (accentuels) sont métriques, Bridges dit, me semble-t-il, le dernier mot sur cette sorte de période. Par *stressed verse* il entend un vers non-syllabique. Il établit les deux lois suivantes (entre autres) pour cette espèce de vers.

I. L'accent détermine le rythme.

II. La seconde règle est un corollaire logique de la

---

[1] D'après Bridges, *op. cit.*, p. 12-14. Remarquer que je cite des vers syllabiques à périodes de *deux* syllabes. Cette liberté ne se trouve pas *dans la pratique* dans des vers à périodes d'un plus grand nombre de syllabes.

première, à savoir, que les accents doivent tous être les véritables accents parlés : c'est-à-dire le rythme ne doit jamais se fier à la forme métrique pour suppléer à un accent qui n'existe pas dans l'intonation naturelle, mais qui n'est introduit que par les nécessités du mètre [1]... La raison de cette règle est que, puisque c'est l'accent qui détermine le rythme, le rythme ne peut pas créer l'accent [2].

Même la dernière période d'un vers syllabique (par ex. d'un vers de blank verse) peut manquer absolument d'accent :

Par exemple :

> The lane is guarded : nothing ronts | *us but* |
> The villainy of our fears...
>
> > (*Cymbeline*, V, 1.)
>
> These,
> And your three motives to the battle, with
> I know not how much more,...
>
> > (*Ibid.*, V, 5.)
>
> Thou shalt not lack
> The flower that's like thy face, pale prim | *rose, nor* |
> The azur'd hare-bell, like thy veins, no, nor
> The leaf of eglantine,... [3]
>
> > (*Ibid.*, IV, 2.)

---

[1] Bridges, *op. cit.*, p. 91.

[2] *Ibid.*, p. 92. Voir aussi p. 73-75. Remarquer que par *rythme* Bridges entend le mouvement métrique — mètre, *non ce que j'appelle rythme*. Le texte anglais est le suivant :

« I. *The Stress governs the Rhythm*...

« II. The second rule is a logical corollary from the first, namely, that *the Stresses must all be true Speech-stresses :* i. e. the rhythm must never rely upon the metrical form to supply a stress which is not in the natural speech-intonation, but is introduced only by the necessities of the metre... The reason for the rule is that since it it the stress that determines the rhythm, the rhythm cannot create the stress. »

[3] L'explication des mots *no, nor* est autre. Ce vers n'est pas strictement syllabique. Ces mots ne forment pas une période. La division est

... | -bell, like | thy veins | , no | , nor the leaf | ...

No light ; but rather darkness vis | *ible* | [1]

(Milton P., P., I 63.)

the story
Proud Cleopatra, when she met her Roman,
And Cydnus swell'd above the banks, | *or for* |
The press of boats or pride :

(*Cymbeline,* II, 4.)

[La dernière période d'un *vers rimé* ne comporte pas cette irrégularité : la rime étant ici la méthode choisie pour marquer le groupement métrique par séries de périodes, doit se faire valoir. Sans cela elle n'a pas de raison d'être. Ainsi, même dans un vers syllabique, la syllabe rimée doit être suffisamment accentuée pour bien marquer le groupement].

Il faut remarquer que ce phénomène n'explique pas tous les vers où deux syllabes sans accent se trouvent juxtaposées.

Par exemple, dans le vers de Marlowe [2] :

See where Christ's blood streams in the firmament.

il n'y a pas de « pyrrhique » du tout, ni, malgré Mayor, d'inversion de l'accent : la division étant :

∧ See | ∧ where Christ's blood | ∧ streams | *in the fir* | ∧ mament |

Il en èst de même du vers suivant [3] :

I do not set my life | ∧ *at a pin's* | ∧ fee

On peut comparer avec les conclusions de ce chapitre l'opinion de Wulff [4] : « Le *schéma* métrique est *un*

---

[1] Bridges prétend, à propos de ces vers (p. 14), que « the close of the line will give a conventional stress ». Ç'est un non-sens. Le vers étant syllabique, l'ictus se bat sans accent.

[2] Cité par Mayor, *op. cit.*, p. 12. L'accent sur *streams* étant très fort, cette période peut égaler *where Christ's blood.*

[3] Cité par Mayor, p. 13.

[4] *Värsbildning*, p. 33 :

« Skaldens metriska *schema* är en sak ; en *annan* sak är den större äller mindre grad av Kvalitativ *Kongruens* (mällen täxtens

fait; le plus ou moins de *congruence* entre les syllabes du texte et les endroits du schéma qui se produit dans les vers factices que le poète fait, d'après ce schéma, est *une autre chose;* le schéma est ou bien tout à fait libre et souple, ou bien strict et étroit. Plus le schéma est strict, plus il est nécessaire que la congruence *ne soit pas* trop rigoureuse entre les exigences du schéma et la répartition des accents dans la phrase qui constitue le vers; et plus le schéma est variable et lâche (p. ex. celui du *knittel*), plus il convient que quelque *forme fondamentale* revienne assez souvent, surtout au commencement de la pièce. »

Pour en finir avec cette question du syllabisme et du non-syllabisme (y compris les problèmes suscités par l'ictus), je vais citer quelques vers de Shakespeare, de Tennyson et de Shelley en indiquant leur scansion :

```
(1)                    I know | tis | from Cordel (ia)
(ia)  ⋀ Who hath | most for | tunate | ly ⋀ been | informd |
      Of my | obscured | course | ; and shall find | time |
      From this | enor.| mous state | — seek | ing to give |
      Loss | es their rem | edies | .— All wear | y and o'er-watch'd |
      Take van | tage, heav | y eyes, | not | to behold |
      This shame | ful lodg | (ing.)
(ing) Fort | une, good night | ,smile once | more, turn | thy wheel |
                                            (Roi Lear, II, 2.)
```

Le passage, tout en s'approchant du syllabisme, n'est pas syllabique. Les périodes *(ia) who hath, -ly been,* pour

---

stavelser och schemats platser) som förefinnes i de faktiska värser, som skalden gjort äfter detta schema; schemat är än helt fritt och medgörligt, än strängt och stramt. Ju mera stramt själva schemat är, des nödvändigare är det att kongruensen *icke* göres för sträng emällan schemats fordringar och den värsbildande satsens akcent-fördelning; och ju mera löst äller variabelt själva schemat är (t. ex. Knittelns) ; dess lämpligare är det att någon änklare *grundform* till-räckligt ofta återkommer, särdeles i styckets början. » Cp. Stone, *op. cit.,* 2° édition, p, 147-8, pour des avis contraires aux miens.

dépourvues d'accent qu'elles semblent, contiennent pourtant bien une syllabe plus accentuée que l'autre.

(2) So all day long the noise of battle roll'd
     Among the moun | *tains* ∧ *by* | the winter sea
     Until king Arthur's Table, man by man
     Had fall'n in Lyonnesse about their lord,
     King Arthur. Then because his wound was deep,
     The bold sir Bedivere uplifted him
     And bore | *him* ∧ *to* | a chapel nigh the field
     A broken chan | *cel* ∧ *with* | a broken cross,
     That stood | ∧ *on a* | dark strait of barren land :
     On one side lay the O | *cean* ∧ *and* | on one
     Lay | a great wa | *ter* ∧ *and* | the moon was full.
               Tennyson : *Idylles du Roi* (éd. compl., p. 469).

Le passage est syllabique, même (sauf deux périodes dans le dernier vers *lay* et *a great wa-)* strictement syllabique. Il y a six périodes sans syllabe spécialement accentuée.

Remarquons que dans chacune de ces périodes une pause assez importante supplée à la durée insuffisante des syllabes non accentuées.

(3)
... God | is law | , say the wise | ; O Soul | , and let | us rejoice | (,)
(,) For | if He thun | der by law | the thun | der is yet | this voice | (.)
(.) Law | is God | , say some | : no God | at all | , says the fool | (;)
(;) For all | we have pow | er to see | is a straight | staff bent | in a
                                                            pool | ...
               Tennyson : *The Higher Pantheism* (p. 239).

La répartition des syllabes entre les périodes est la suivante :

1	2	3	2	2	3	=	13
1	3	3	2	3	2	=	14
1	2	2	2	2	3	=	12
2	3	3	3	2	3	=	16

La répartition dans toute la pièce est la suivante :

| 2 | 2 | 2 | 2 | 2 | 3 | = | 13 |
| 1 | 2 | 2 | 2 | 3 | 2 | = | 12 |

1	3	2	3	2	3	=	14
1	2	3	2	3	2	=	13
1	2	2	2	2	3	=	12
2	2	2	3	2	3	=	15
1	3	2	2	3	2	=	13
3	2	2	3	3	3	=	16
1	3	3	3	2	3	=	15
3	1	2	3	2	3	=	14
1	3	3	2	3	3	=	15
1	3	2	3	3	2	=	14
.	.	.			.	.	.
3	2	3	3	2	3	=	16
2	3	3	2	2	3	=	15

Le mètre n'est donc pas syllabique. Aucun accent ne manque ; il n'y en a pas de douteux [1].

Shelley ne soigne pas trop sa versification, qui échappe à toutes les règles.

> (4) The day is come, and thou wilt fly with me.
>   To whatsoe 'er of dull mortality
>   Is mine, remain a vestal sister still ;
> | (;) *To the* | intense, the deep, the imperishable,
>   Not mine but me, henceforth be thou uni | ted
> | ∧ Even | as a bride | , delight | *ing* ∧ *and* | delight | ed.
>   ... Emily
>   A ship is float | *ing* ∧ *in* | the harbour now,
>   A wind is hov | *ering* ∧ *o'er* | the mountain 's brow ;
> | (;) There is | a path | on the sea 's | az | ure floor,
>   No keel has ever ploughed that path before ;
>   The halcyons brood around the foamless isles ;
>   The treacherous O | *cean* ∧ *has* | forsworn its wiles ;
>   Say, | my heart's sis | ter, wilt thon sail with me ?
>   (*Epipsychidion.*)

Le passage est syllabique : Shelley ne compte pas

---

[1] Les mots *is a straight staff* constituent *un* groupe accentuel, car le mot *staff* se subordonne évidemment au mot *straight*, mis en contraste avec *bent*. La division périodique n'est donc nullement douteuse.

les désinences atones (-*ed*) à la fin des vers. Un poète
qui soigne beaucoup son syllabisme les évite tout à fait
— ou peu s'en faut. Dans les vers non syllabiques, comme
nous avons vu, elles comptent dans la première période
du vers suivant. L'accentuation du dernier vers du
passage est douteuse On ne sait trop où finit la seconde
période.

(5) Considérons quelques stances du *Masque de
l'Anarchie* :

<pre>
        As I lay | asleep in Italy·
        There came a voice from o | ver the Sea | ,
   —(,) *And with* | great power it forth led me
        To walk | in the vis | ions of Po | esy.
        I | met Mur | *der on* | the way —
        He had a mask like Castlereagh —
        Ver | y smooth he looked, yet grim :
        Sev | en blood-hounds followed him :
            . . . .
        Clothed | with the Bib | *le, as* | with light,
        And | the shad | *ows of* | the night,
        Like Sidmouth, next, Hypocrisy
     1 *On* | a croc | odile rode by.
            . . .
        Last | came Anarchy : he rode
        On | a white horse, splashed with blood ;
     2 He | was pale | *even to* | the lips,
        Like Death | *in the* | Apocalypse.
        And | he wore a Kingly crown ;
        And in | his grasp a sceptre shone ;
     3 *On* | his brow this mark I saw —
        " I | am God, and King, and Law ! "...[1]
</pre>

On voit que le syllabisme n'est pas observé ; mais
beaucoup d'accents manquent tout de même. Le rythme
supporte assez mal le schéma métrique voulu. Plusieurs
vers sont métriquement ambigus : par exemple ceux
marqués 1, 2, 3, ci-dessus.

---

[1] Dans toutes les citations ci-dessus, je souligne les périodes où
l'accent manque.

III

LA PAUSE EN GÉNÉRAL

La pause est un élément très important du vers.
Entre chaque groupe accentuel et son voisin il y a une
pause soit d'arrêt, soit de suspension, plus ou moins
longue selon l'importance logique (ou éthique en
anglais) de la division.

Aucun métricien ne s'est occupé du cas général : on
s'est borné à indiquer la fonction métrique de certaines
catégories de pauses. Patmore seul paraît avoir eu des
lueurs. Cotterill néglige la plupart des pauses entre les
groupes accentuels pour n'en retenir que celles entre
les groupes logiques supérieurs (phrases et membres
de phrase). Lanier néglige même la plupart de ces dernières. Il a pourtant très bien compris l'importance dans
certains cas de la pause d'arrêt[1].

Omond embrouille la question en confondant le *mètre*
avec le *rythme*. Après avoir très bien dit : « Afin de
reconnaître les périodes comme égales il est... nécessaire de tenir compte des silences entre les mots...
Scander par syllabes seulement, c'est comme si l'on
essayait de lire une page de musique en tenant exclusivement compte des notes, et en ne s'inquiétant point
des pauses et soupirs. Il est aussi essentiel pour le

---

[1] Voir son explication des vers :
Than the soft myrtle; but man, proud man et *Who would believe
me ? O perilous mouths.* Lanier, *op. cit.*, p. 189-198. Cp. p. 137.

mètre que pour la musique de tenir compte de ces
derniers [1] ». . . Il ajoute, fâcheusement : « Ici, toutefois,
il faut faire une distinction. Nous nous arrêtons en
lisant des vers, pour mettre le sens en évidence ou
simplement pour respirer. . . Les pauses que nous
faisons en lisant de la poésie sont volontaires et facultatives ; un lecteur les fait et un autre les néglige. Le
même lecteur les variera à des moments différents.
Celles-ci ne peuvent donc pas être une partie de la
structure. Tous les grammairiens reconnaissent la pause
à la césure, divisant la ligne en deux, comme dans ces
vers :

> Warms in the sun, refreshes in the breeze,
> Glows in the stars, and blossoms on the trees.
>
> (Pope : *Essay on Man,* I.)

Ici nous nous arrêtons naturellement après *sun* et
stars. Le sens le demande et le vers se divise de lui-
même en deux parties. Cependant même ici nous avons
une pause *oratoire* et *non métrique*. C'est quelque chose
qui est imposé au vers de l'extérieur ; quelque chose
qui en affecte le sens et l'expression et non la substance.
La vraie pause métrique fait partie intégrante du vers
et la preuve en est que dans d'autres cas elle est remplie
par des syllabes. Si nous lisons pour le son au lieu du
sens, en scandant plutôt qu'en lisant, nous pouvons
négliger la césure dans les vers cités, au détriment
du débit sans doute, mais non pas au détriment du
mètre. Au lieu que dans *By came a blackbird* (voir ci-
dessous, p. 170 et suiv.) aucune supercherie de lecture ne
changera ce fait que ce vers [*By came a blackbird, and
nipt off her nose*] contient un élément autre que ses
syllabes. Nous sentons, et nous ne pouvons nous empê-

---

[1] Omond, *op. cit.,* p. 6.

cher de sentir, que l'on a suppléé aux périodes par
quelque chose autre que les mots. Ce quelque chose, je
l'appelle *pause*, et il n'est d'aucune importance que la
voix s'arrête *sur* ou *entre* les syllabes. Dans les deux
cas, c'est un élément qui forme une partie intégrante
du vers et qui est étranger à tous les caprices et à tous
les *trucs* de l'élocution.

« Les pauses facultatives que nous faisons. . . naturellement en lisant un vers semblent rentrer dans une
catégorie tout à fait différente. Elles n'altèrent pas le
temps du vers. Celui-ci n'est pas plus affecté que le
temps d'un morceau de musique ne l'est quand le musicien s'arrête pour tourner la page ou pour ajuster ses
lunettes. Nous sommes tous libres de nous arrêter en
lisant des vers où nous voulons et quand nous voulons.
A chacune de ces pauses le mètre est arrêté et il ne
reprend pas avant que nous ne recommencions. Nous
pouvons nous arrêter au milieu d'une période et repren-
dre la mesure où nous l'avons laissée, après une
absence de quelques minutes ou de quelques heures.
Mais ceci est un fait très différent de cette pause intégrante et qui forme une partie constitutive du vers
lui-même, sans laquelle aucune scansion n'est complète », etc.[1]

Omond a entièrement tort en distinguant ainsi les
pauses de suspension d'avec celles d'arrêt. Toutes les
pauses comptent dans le mètre du vers : le poète en tant
que métricien doit se servir de tous les éléments temporels du rythme, et la pause en est un. Je relève encore
une confusion d'Omond qui consiste à mettre les *interruptions accidentelles* sur le même pied que les véritables pauses d'arrêt. Les premières ne sont pas des

---

[1] Omond, *op. cit.*, p. 7 et suiv.

pauses. Elles ne servent en aucune façon à faire ressortir le sens de la phrase. Elles sont tout simplement des interruptions fâcheuses. Il n'y a pas de pauses extramétriques.

Il y a bien une pause au milieu de chacun des vers cités par Omond. Elle est nécessaire pour mettre en évidence le sens des vers : le mètre s'en sert ; sans elle la troisième période de chaque vers boiterait affreusement ; | *refresh* | , | *and blos* | ont besoin d'une pause pour suppléer à l'insuffisance quantitative des syllabes.

Wulff tombe dans la même erreur qu'Omond. Quand il s'agit de pause, il confond, malgré la distinction établie par lui-même entre *Värsschema* et *Satsschema*, le mètre avec le rythme. « Dans les vers modernes de toute nationalité, dit-il, une pause, logique ou pathétique, syntaxique enfin, peut avoir lieu n'importe où dans le vers, sans que cela dérange notablement l'allure du vers. . . Les pauses syntaxiques et accidentelles ne comptent donc pas [1]. »

---

[1] *Rythmicité*, p. 9. Cp. *ibid.*, p. 52, note :
« Clair Tisseur a tort de tant parler des pauses phraséologiques, car toute pause phraséologique est libre et permise à tout endroit du vers, pourvu que les pauses schématiques soient respectées en même temps. »
Cp. aussi *Värsbildning*, p. 22-23, à propos de *logiska satspauserna*. Après avoir expliqué que :
« Interpunktionen (visserligen icke alltid de skrivna tecknen !) rättar sig i väsäntlig grad äfter de logiskt-syntaktiska pauser som följa på huvudord, t. ex. *Den som är nöjd* ⁊*, är lycklig. Celui qui est content* ⁊*, est heureux. Veni* ⁊*, vidi* ⁊*, vici. Han Kom* ⁊*, såg* ⁊*, segrade. I det sista exemplet märkes tydligt, att pausens storlek mällan de koordinerande huvudorden är åtminstone så stor som ett akcentlöst småord (enstavigt äller tvåstavigt), så att t. ex. avståndet mällan *kom, såg, segrade* icke blir längre om man inskjuter ordet *och*, ordet *äller* o. dyl: *Han kom och såg och segrade ; Han kom och han såg och han segrade ; Han hvarken kom äller såg äller segrade* » (jusqu'ici j'abonde dans son sens), il ajoute: « Dessa logiska

Bien qu'il ne soit pas conséquent, Becq de Fouquières a très bien senti l'importance de l'élément de pause dans l'alexandrin [1]. Selon lui, l'alexandrin contient vingt-quatre unités de temps, réparties entre quatre périodes égales comme temps, mais inégales comme nombre de syllabes [2]. « C'est au moyen de douze syllabes que nous devons remplir la durée que nous savons être égale à vingt-quatre croches. Mais les quatre syllabes accentuées étant longues par position et équivalentes à une noire pointée ou trois croches, nos douze syllabes remplissent un minimum de temps égal à vingt croches. Les quatre croches restantes, une par mesure, sont... pour le cas où un élément rythmique a quatre syllabes. Nous savons, en outre, que la première syllabe d'un élément de cinq syllabes se porte sur le temps fort précédent. Le temps de l'aspiration est pris sur le quatrième temps fort et le repos de l'hémistiche sur le second. Ainsi le vers français remplit le temps normal

och syntaktiska pauseringar som i talet iakttagas dels äfter hufvudord, dels mällan skilda satsavdelningar, förändra i allmänhet *icke* värsens gång, hvar de än stå inuti värsen. » Cp. note, p. 23.

[1] Je relève deux passages dont la signification exacte n'est pas trop claire. Par temps réel, il entend, paraît-il, le temps des syllabes, sans compter les pauses théoriques, soit remplies par un prolongement de l'arsis ou non : « Si nous comparons... les trois formules 2433, 3333 et 4233, nous verrons que, par rapport à la seconde, la première a un léger retard, tandis que la troisième a, au contraire, une légère avance. Le temps réel de ces trois vers est sensiblement différent ; il y a discordance entre les temps réels de ces trois formes de vers, ce qui, d'ailleurs, ne détruit pas l'équidistance des rimes (p. 65)... Le vers qui commence par un élément rythmique de quatre syllabes remplit exactement le temps théorique. Quand cet élément rythmique est de trois syllabes, le vers est plus court d'une unité de temps ; quand il n'en a que deux, la différence entre le temps réel et le temps théorique est de deux unités de temps (p. 78). » On sait vaguement ce qu'il veut dire ; seulement il ne l'a pas dit.

[2] Becq de Fouquières : *Traité Général de Versification Française*, Paris, 1879, p. 46.

de la période mélodique, soit en prolongeant la syllabe
rythmique de l'arsis, soit, quand la construction et le
sens le permettent, en remplaçant les syllabes absentes
de la thésis par des silences équivalents[1]. »

Il fait ainsi une large part aux pauses, qui peuvent
être remplies ou non par des syllabes. Seulement, vu
qu'il adopte le système musical de division en mesures,
avec l'ictus par conséquent sur la première syllabe de
chaque mesure, la prolongation de « la syllabe rythmique de l'arsis » dans la thésis suivante équivaut à la
prolongation d'une *période*[2] dans une autre dont la
durée est ainsi diminuée.

Prenons un exemple[3] (je divise en *périodes* pour
mieux éclaircir la question ; les lignes de division poin-
tillées sont celles des mesures selon Becq de Fouquières) :

Lieux | char mants| où | mon | cœur |

vous a | vait | a dor | ée |

Les *syllabes rythmiques* -mants, -vait sont prolon-
gées dans la période suivante faute d'une pause dans le
sens suffisant pour remplir la mesure.

Par exemple :

charmants | où mon cœur

Il est évidemment impossible que toutes les syllabes
non accentuées aient la même valeur. Cependant c'est
justement cela qu'entraîne ce système de répartition ; les

---

[1] Bec de Fouquières, *op. cit.*, p. 185.
[2] Dans l'acception que je donne à ce mot.
[3] *Ibid.*, p. 188.

syllabes de la thésis gardant toujours la valeur d'une croche sans la possibilité de se prolonger aux dépens de la pause. Ainsi dans les vers cités les syllabes *charm-*, *a-*, *-do-*, sont, selon Becq, égales.

S'il avait adopté un autre système de division en mesures que le musical, et qu'il eût affirmé tout simplement que la mesure avait telle durée qui pouvait être remplie ou non par des syllabes, sans préconiser précisément cette méthode déconcertante — presque la seule inadmissible — de les remplir, il aurait eu pleinement raison.

Il faut supposer une pause dans *chaque* période de beaucoup d'alexandrins.

Guyau critique vivement cette théorie de Becq de Fouquières[1]. « Rien ne nous semble plus étrange, dit-il, que la notation musicale adoptée par M. Becq de Fouquières, qui représente l'alexandrin classique par vingt-quatre croches ; il se voit ainsi forcé d'introduire dans ce vers des temps de repos considérables que rien ne justifie, et qu'il supprime ensuite sans plus de raison dans sa notation du *vers romantique*. »

Sans accepter la notation de Becq — j'ai expliqué pourquoi — je ne vois pas comment Guyau aurait expliqué, sans tenir compte d'un élément de pause, le fait que l'alexandrin, qui, même selon lui (il lui donne la durée de douze croches au lieu des vingt-quatre de Becq), garde toujours la même longueur, peut contenir une suite de syllabes dont la durée et la plénitude varient entre de si grandes limites que, par exemple, ces deux vers de Victor Hugo :

> Du poème inouï de la création...
> Lorsque entre deux grands vers un mot passe en dansant ?

---

[1] *Op. cit.*, p. 189, note.

Les métriciens orthodoxes anglais ignorent en général tout à fait la pause (malgré quelques inconséquences
à son endroit).

Bridges critique le vers de Longfellow :

And they rode | slowly a | long through the | wood con | versing
[to | gether...

« Ce vers enfreint la règle II dans son premier pied
(ce qui est vrai) et *la règle IV dans son troisième pied
(je souligne)*[1]... La syllabe pesante *through* est en
rapport grammatical avec *wood ;* mais, si en lisant on
la subordonne à cette syllabe accentuée, le vers boitera.
On ne peut pourtant l'attacher à *along*[2]. » Il a tort. Le
vers est mauvais parce que la pause entre *along* et
through n'a pas été respectée par le poète. La période
-long ∧ *through the* est trop longue ; la syllabe *through*
étant assez importante ne laisse pas dans la période le
temps d'une pause.

Faute de reconnaître l'importance de la pause, et
surtout de la pause de suspension, les théoriciens orthodoxes ont été amenés à admettre beaucoup d'exceptions
à leurs théories, qui ont l'air d'autant d'inconséquences ;
et les théoriciens hétérodoxes, comme Lanier, Dabney,

---

[1] Voir ci-dessus, p. 81 et suiv.

[2] Bridges, *op. cit.*, p. 108. Il ajoute :

« In order to exhibit plainly that the reason why this line halts in
that place is not because there is a heavy syllable where there may
not be one, but only because it is collocated by grammar with a
wrong stress (as ruled by law V), compare the following line (again
Longfellow), where the third place is identical in quantity ; and yet
the verse reads well :

So is it | best, John | Estaugh, we | will not | speak of it | further.

And observe that it reads well because the heavy syllable *-taugh* is
attached to its contiguous stress. » Non, c'est parce que la syllabe
-taugh n'est pas *heavy* et qu'ainsi la période, malgré la pause, n'est
pas trop longue.

Cotterill, Becq de Fouquières, d'Eichthal, de la Grasserie, etc., ont été amenés à attribuer aux syllabes des longueurs fausses.

Par exemple :

For   I,   the   chiefest   lamp   of   all   the   earth[1]...

That   touches   Caesar   nearer.   Read it,   great   Caesar...[2]

Than   the   soft   myrtle;   .   but   man,   prond   man[3]

The flower that's like thy face. pale primrose, nor
The azured hare-bell like thy veins, no, nor...

Dans ces vers Lanier[4] attribue la même durée à la syllabe *nor* (dans les deux vers) qu'aux syllabes *flower, like, face, prim-,* etc., et aux syllabes *pale* et *bell* seulement la moitié de cette durée.

D'Eichthal néglige moins que les métriciens anglais et les autres métriciens français les pauses de suspension. Il reconnaît[5] par exemple la pause entre les groupes :

> Je viens, suivant l'usage ;
> Célébrer, avec vous

dans les vers célèbres d'*Athalie*.

Malheureusement, adoptant la division musicale en mesures avec l'accent sur la première syllabe de chaque mesure, il n'attribue pas ces pauses aux périodes auxquelles elles appartiennent, faussant ainsi, pour rem-

---

[1] Dabney : *The Musical Basis of Verse*, Londres, 1901 (livre presque sans valeur), p. 214.

[2] *Ibid.*, p. 215.

[3] Lanier, *op. cit.*, p. 190.

[4] *Ibid.*, p. 203.

[5] D'Eichthal, *op. cit.*, p. 32.

plir ces mesures, la durée des syllabes ; par exemple,
dans la notation suivante :

Je | viens   suivant   l'u | sage   an | tique, etc.

où la durée relative de *—vant* est diminuée et celle de
an- (et peut-être de *-sage*) est augmentée. La division
naturelle est la suivante :

$\wedge$ Je viens | $\wedge$ suivant l'usage | $\wedge$ antique...
$\wedge$ 2   1 | $\wedge$ 5^1 4^1 5^1 1^1 | $\wedge$ 5^2 1^2 ...

Sans cet élément de pause entre les groupes accentuels il serait difficile de concilier dans un même schéma
métrique des vers très remplis de syllabes importantes
comme :

(1) anglais :

> Rocks, caves, lakes, fens, bogs, dens, and shades of death...
> > (Milton : *P. P.*, ii, 621.)

> Say, muse, their names then known, who first, who last...
> > (*Ibid.*, i. 376.)

> Stains the dead, blank, cold air with a warm shade...
> > (Shelley : *Epipsychidion.*)

> Part shame, part spirit renew'd : that some, turn'd coward.
> > (*Cymbeline*, V, 3.)

(2) français :

> Avant qu'un sang plus chaud brûlât mon cœur viril...
> > (Leconte de Lisle : *Barb.*, p. 13.)

> Sauf aux yeux dont un lourd baiser tient la paupière...
> > (Verlaine : *Choix*, p. 181.)

> Errer un grand chien noir qui hurle aux mornes cieux...
> > (Leconte de Lisle : *Trag.*, p. 142.)

> Tendre ou farouche, immonde ou splendide, humble ou grande...
> > (Hugo : *Cont.*, p. 271.)

> Les faux beaux jours ont lui tout le jour, ma pauvre âme...
> > (Verlaine : *Choix*, p. 158.)

> Que poussent les gardiens du seuil, les deux chiens pâles...
> > (Leconte de Lisle : *Antiq.*, p. 5.)

avec des vers apparemment très courts comme :

(1) anglais :

> But, by example, (O, a sin in war),...
> (*Cymbeline*, V, 3.)
> In his study of imagination...
> (*Much Ado*, IV, 1.)
> Out of my way : unless he bid 'em ; but
> For every trifle are they set upon me:...
> (*Tempête*, II, 2.)
> A plague upon the tyrant that I serve.
> (*Ibid.*)
> Be not afraid ; the isle is full of noises...
> (*Ibid.*, III, 2.)

(2) français :

> Du poème inouï de la création...
> Racine regardait ces marauds de travers...
> Je suis l'habitué de l'orchestre divin...
> L'éternel écolier et l'éternel pédant...
> Ni l'importunité des sinistres oiseaux...
> (Hugo : *Contemplations*.)
> Et sa chair et ses os furent vannés au vent...
> (Leconte de Lisle : *Trag.*, p. 76.)

Prenons les deux vers anglais :

Say, Muse | , their names | then known | , who first | , who last...
Be not | afraid | ; the isle | is full | of noises...

Comment la période *who first,* par exemple, pourrait-elle avoir la même durée que la période *is full* sans qu'on tînt compte d'un élément de pause plus grand dans celle-ci que dans celle-là ? La syllabe *who* est évidemment plus longue que la syllabe *is.* De même dans les deux vers français de Leconte de Lisle :

Que poussent | les gardiens | du seuil | , les deux chiens pâles...
Et sa chair | et ses os | furent vannés | au vent.

les deux périodes *les deux chiens pâles, au vent* doivent avoir la même durée.

Il faut supposer un élément de pause plus long dans celle-ci que dans celle-là.

C'est justement ce que justifie le schéma rythmique (accentuel) de ces vers (et d'autres pareils) : il faut en effet, pour bien mettre en valeur les nuances du sens dans les deux vers anglais, s'arrêter davantage entre les groupes accentuels dans le vers :

Be not afraid ; the isle is full of noises...

que dans le vers :

Say, Muse, their names then known, who first, who last...

Il en est de même des deux vers français [1].

---

[1] Ces pauses peuvent être *absolument* très courtes, tout en restant *relativement* très longues. Il s'agit justement de pauses si courtes qu'une mauvaise lecture les escamote trop souvent.

IV

La confusion la plus fâcheuse qui puisse se produire à cet égard a rapport en anglais à la pause finale (end-stop) et en français à la pause finale et médiane.

Dans le *blank verse* moderne, comme dans l'*alexandrin* moderne, *la pause finale n'est pas obligatoire*. Si le rythme fournit une pause à cet endroit du vers, le mètre s'en servira : elle sera comprise dans la première période du vers suivant. *Dans l'alexandrin moderne la césure également n'est pas obligatoire.* S'il y a une pause après la seconde période, elle sera comprise dans la troisième. *La césure est la correspondance du rythme avec le mètre* après la sixième syllabe de l'alexandrin. La versification de l'ancien français avec sa césure obligatoire exigeait en outre que la pause fût une pause d'arrêt et non seulement une pause de suspension. La règle se relâcha peu à peu, permettant, sans toutefois abandonner la correspondance, une pause de suspension à cet endroit ; jusqu'à ce que les Romantiques lui donnèrent le coup de grâce en ne respectant plus la correspondance — la division du vers en deux hémistiches syllabiques restant, bien entendu, intacte. *La pause finale* en français doit sa suppression également aux Romantiques. Il n'y a plus de correspondance obligatoire même à la fin du vers.

En anglais, à partir de Shakespeare, qui le premier a fait un usage suivi du *blank verse* sans pause finale, cette correspondance n'est pas non plus obligatoire. Les poètes du XVIIIe siècle ont essayé de la faire revivre ; on sait combien leurs vers sont plats et monotones.

Il y a pourtant des limites à cette liberté. Dans l'alexandrin qui garde encore des éléments syllabiques, il faut (1) *que la seconde période finisse sur la sixième syllabe, et la quatrième sur la douzième syllabe* (non compris les désinences féminines à la rime) ; et (2) que, *le mètre n'étant pas complètement syllabique, et le nombre de syllabes variant dans chaque période, l'accent de la sixième et de la douzième syllabes soit suffisamment important pour ne laisser aucun doute sur la position de l'ictus* qui marque la division en périodes ; et (3) que, s'il n'y a pas correspondance à ces endroits, *la partie de groupe accentuel qui suit la fin de la seconde ou de la quatrième période* (qui *enjambe* sur la division entre les périodes) — le *rejet* — *remplisse une période entière.* Sans cela il y a grand risque que le mètre se fausse et même se désintègre [1].

(A) D'après la deuxième règle on voit que les accents au-dessous de ceux indiqués par 1, 2, 3 et tout au plus 4, ne peuvent se trouver, sauf très exceptionnellement, ni à la césure ni à la fin du vers.

(B) D'après la troisième règle on voit que le *rejet* à la césure et à la fin du vers ne peut être que très rarement d'une syllabe.

Dans le *blank verse* anglais la seule condition est que chaque vers se divise clairement et sans hésitation

---

[1] Voir ci-dessus, III (2) *Le syllabisme et le non-syllabisme.*

en cinq périodes. La règle (B) ne trouve guère d'application. La règle (A) s'applique généralement au blank verse aussi bien qu'à l'alexandrin (sauf dans le cas considéré ci-dessus, p. 123 et s.). Dans le *blank-verse* non syllabique des syllabes appartenant métriquement à la première période du vers suivant peuvent, par des considérations d'ordre rythmique, suivre le dernier ictus d'un vers.

Dans les exemples suivants de non-correspondance à la césure en français l'accent est insuffisant ou à peine suffisant :

(1) Accent appartenant à la catégorie 4.

(a) Où je filais pensivement la blanche laine...

(De Banville.)

Et c'est le soir, l'insaisissable confidence...

(Laforgue.)

(b) Et, plus clair en l'azur noir de la nuit sereine...

(Heredia.)

Près d'un roc qu'on aurait pris pour un grand décombre...

(Hugo,)

(2) Accent appartenant à la catégorie 5 (dite non accentuée).

(a) Et les taureaux et les dromadaires aussi...

(Leconte de Lisle.)

Un cavalier sur un furieux étalon...

(Leconte de Lisle.)

Dieu est vieux, mais il se porte bien et conduit...

(Francis Jammes.)

(b) Primo : mes grandes angoisses métaphysiques...

(Laforgue.)

Les Tantales virtuels, peu intéressants...

(Laforgue.)

10

(c) Voix par des voix lasses au fond des soirs hélées...
(Verhaeren[1].)

Dans les exemples suivants, au contraire, l'accent est suffisant :

Accent appartenant à la catégorie (3).

(a) Émergeant de la cuve ardente de la mer...
(Leconte de Lisle.)

(b) En craquant une graine de chanvre que j'ai trouvée...
(Francis Jammes.)

On pourrait citer de pareils exemples pour illustrer le *rejet* à la fin du vers (dit enjambement).

---

[1] Il est évident qu'une syllabe contenant un *e* muet ne peut se trouver à la césure, sauf dans le cas *si rare qu'il peut être écarté* où une telle syllabe aurait une valeur éthique importante (préfixes monosyllabes).

Considérons ces deux vers :

Sous vos longues cheve | lures petites fées...
(Moréas.)

Je ne vois pas ce que | ce mur a d'adorable...
(Rostand.)

La règle est évidemment nécessaire qui condamne de tels vers comme mauvais.

L'*e* muet à la septième place du vers :

Brouille l'espoir que votre voix me révéla...
(Verlaine.)

Quel calme chez les astres! ce train-train sur terre...
(Laforgue.)

L'arbre de la Science du Bien et du Mal...
(Vielé-Griffin.)

Si l'*e* muet a *une valeur syllabique*, je ne vois pas d'inconvénient à son emploi à cette place du vers. Mais s'*il n'a pas de valeur syllabique*, par exemple dans les cas énumérés ci-dessus, p. 93 et suiv., et surtout avant une pause d'arrêt, comme dans le vers de Laforgue, l'*e* muet ne peut pas se trouver à la septième place du vers, car, allongeant la syllabe accentuée qui le précède, il rend ainsi le premier hémistiche plus long que le second, ou en tout cas est susceptible de le faire, à moins qu'on n'abandonne le syllabisme de l'alexandrin.

Les cas de non-correspondance ailleurs qu'à la césure et la fin du vers sont rares, sauf lorsque la première période est (toute ou presque toute) remplie par un mot de plus de quatre syllables.

Par exemple :

> Vers l'accomplissement de notre double vœu.
>
> (Leconte de Lisle.)

Ici il n'y a pas de doute sur la division en périodes. La division 15 est impossible.

Beaucoup de cas de la prétendue division 51 (quoique rarement 15) semblent admettre cette explication.

Par exemple :

> Je n'épargnerai rien[1]...

Ici l'accent de la syllabe *-rai* appartient à la catégorie (4), celui de *-par* à la même catégorie, celui de *rien* à la catégorie (1). Il n'y a aucune objection à faire à la division *je n'épar | gnerai rien* (plutôt que celle à 51) ; l'accent qui marque l'ictus est bien faible, mais non plus faible dans ce cas que dans l'autre. De plus la division à 51 exigerait une longue pause avant *rien*. Or il n'y en a pas dans le *rythme !*

La *disposition en vers* d'un poème peut être *rythmique* ou *métrique* : la ligne de *vers libre* est une *unité rythmique* ; le vers alexandrin et le vers de *blank verse* sont des *unités métriques*.

La disposition en vers d'un poème français écrit en alexandrins et d'un poème anglais écrit en *blank verse* n'a ainsi rien à faire avec le rythme (pourvu que les règles établies ci-dessus pour l'accent qui marque l'ictus, etc., soient observées). Les poètes se permettent

---

[1] Cp. d'Eichthal, *op. cit.*, p. 27.

bien quelquefois des compromis, comme celui constaté
ci-dessus — de placer *après* la dernière période d'un
vers des syllabes atones y appartenant rythmiquement
— pour ne pas partager un mot entre deux vers ; le vers
n'en reste pas moins en principe complètement indépendant du rythme.

I. La disposition métrique par quatre périodes est un
élément essentiel de l'*alexandrin*. Elle est marquée :

(1) *par la rime ;*
(2) *par les conditions syllabiques du vers,* et
(3) *par la dérogation au syllabisme permise et
même exigée à la fin des vers dits féminins.*

II. La disposition du *blank verse non syllabique* est
arbitraire. Il n'y a ni rime, ni conditions syllabiques ou
autres d'aucune espèce ; le mètre subsisterait aussi bien
dans toute autre disposition métrique que celle par vers
de cinq périodes.

III. *Le blank verse syllabique,* au contraire, ressemble
sous ce rapport à l'alexandrin. Il est vrai qu'*il n'y a pas
de rime* ; mais, vu que *les cinq périodes doivent contenir 10 syllabes,* et *certaines restrictions* établies ci-
dessus *relatives à la cinquième période,* à savoir :

(1) La cinquième période ne peut être irrégulière
syllabiquement qu'à condition que la quatrième le soit
aussi et d'une façon complémentaire, et

(2) La cinquième ne peut jamais ne contenir qu'une
seule syllabe,
il paraît que la disposition par vers de cinq périodes
en est un élément nécessaire.

Remarquons que la disposition métrique est une indication assez précise de la valeur de la pause, lorsqu'il

y en a une, à la fin du vers : par exemple, dans les vers

> Je suis l'Empire à la fin de la décadence
> Qui regarde passer les grands Barbares blancs
> (Voltaire.)

la première période du second vers se compose ainsi :

> | ⋀ qui regarde |

Dans les deux vers du même sonnet :

> Seul, un poème un peu niais qu'on jette au feu,
> Seul, un esclave un peu coureur qui nous néglige

la première période du second vers se compose ainsi :

> | ⋀ Seul |

Ces deux périodes sont égales. On voit que la pause est beaucoup plus grande dans celle-ci que dans celle-là. Le mètre l'exige : si le rythme ne fournissait pas une pause importante dans le second cas, les vers seraient mauvais [1].

Considérons encore les vers anglais :

> See,
> Posthumus anchors upon Imogen ;
> And she, like harmless lightning, throws her eye
> On him, her brothers, me, her master, hitting
> Each object with a joy...
> (*Cymbeline*, V 5.)

Ici, malgré la ponctuation, qui a, du reste, en général, très peu de valeur, la pause *rythmique* entre *See* et *Posthumus* est très importante, plus importante que celle entre *Imogen* et *and she*. La pause *rythmique* entre *hitting* et *each object* est très petite, seulement une pause de suspension — moindre que les autres pauses finales. Or, le mètre indique ces particularités,

---

[1] Je ne parle pas des autres particularités de ces vers, — qui sont, sous d'autres rapports, assez mauvais *comme alexandrins.*

par exemple, dans la composition des périodes :

```
| ʌ Pos- |
| ʌ and she |
| ʌ -ing each ob |
```

Enfin, remarquons que la première syllabe d'un vers
de *blank verse* ne sera accentuée (marquera l'ictus) que :

(1) S'il y a une pause importante à la fin du vers
précédent ;

(2) S'il y a une ou plusieurs syllabes atones à la fin
du vers précédent, mais n'y appartenant pas, ou

(3) S'il n'y a pas correspondance à la fin du vers
précédent. Dans ce cas il n'y a pas de pause, même la
moins importante.

Par exemple :

the odds
Is that we scarce are men and you are gods.

Comme il arrive dans ce vers, le mètre a des chances
d'être faussé ou de fausser le rythme. Le rythme
demande *the odds | is* ; le mètre demande *the ódds | is
that wé*.

En général, dans un cas de non-correspondance, à la
fin du vers, il y a au moins une syllabe atone avant la
syllabe accentuée de la première période du vers suivant :

Par exemple :

These,
And your three motives to the bat*tle, with*
I knów not how much more.

Les pauses sont — j'insiste — des éléments rythmiques. Le poète s'en sert comme des autres éléments
rythmiques en les arrangeant — sans les fausser — pour
remplir les périodes de son mètre. De la Grasserie
demande : « Y a-t-il dans le rythme de la versification,
comme dans celui de la musique,... des silences ?...
Les silences, reprend-il, ont pour correspondants précisément les césures et les fins de vers qui entraînent un

silence après une insistance[1]. » Il semble ainsi donner
leur valeur véritable à la pause césurale et à la pause
finale, lorsqu'elles existent.

Il a, en effet, très bien conçu et développé dans une
brochure[2] antérieure à son grand livre, la théorie de la
césure médiane et finale.

« La césure, dit-il[3], est la coïncidence d'un repos
rythmique (c'est-à-dire *métrique*) avec un repos psychique (c'est-à-dire *rythmique*)... Le *système classique
français* est le *plus simple*, il y a toujours coïncidence
des deux repos, soit à la fin du vers, soit à l'hémistiche
de l'alexandrin. *Ce repos est parfait.* Il en résulte une
harmonie concordante et immédiate, mais au point de
vue poétique beaucoup de monotonie. Jamais d'enjambement du sens d'un vers sur l'autre ; jamais non plus
de déplacement de la césure... Le système romantique
français substitue à l'harmonie simple et immédiate
entre les deux éléments l'harmonie discordante ou
différée, c'est-à-dire que les repos des deux éléments restent quelque temps en désaccord avant de coïncider, et
que c'est précisément ce désaccord momentané qui rend
le raccord plus agréable. Ce *processus* se réalise à la
fin du vers par l'enjambement ; alors le repos psychique, qui ne se fait qu'au vers suivant, est en retard sur
le repos rythmique qui continue d'avoir lieu à la fin du
vers ; il se réalise aussi à l'intérieur du vers. Là le
repos rythmique continue toujours d'avoir lieu au
milieu ; au contraire, point de repos psychique à cet
endroit ; le repos psychique se place ailleurs, et même
se dédouble, il y a deux repos psychiques, l'un avant le

---

[1] *Op. cit.,* p. 37.
[2] Raoul de la Grasserie : *De l'Élément Psychique dans le Rythme
et de ses rapports avec l'élément phonique,* Paris, 1892.
[3] *Élément Psychique,* p. 77.

milieu du vers et l'autre après : le vers devient trimètre au lieu d'être dimètre.

« Le déplacement du repos psychique crée donc un
vers trimètre, mais seulement *trimètre* au point de vue
psychique, il reste *dimètre* au point de vue rythmique,
ce qu'il ne faut pas perdre de vue. Il en résulte une
harmonie discordante qui n'aura sa résolution qu'à la
fin du vers, et s'il y a enjambement, entre les deux
repos, à la fin du vers suivant. »

Quand il n'y a pas *coïncidence,* il paraît que de la
Grasserie n'exige pas de pause ou *repos rythmique*
(c'est-à-dire ce que j'appelle *métrique*). Car il dit[1], à
propos de la *coupure romantique.* « Cette dernière...
consiste à ne pas arrêter la pensée par un demi-repos à
cette place, mais à la continuer, au contraire, sans
interruption. »

Il identifie[2] aussi le *repos rythmique* (c'est-à-dire
métrique) avec la présence d'une syllabe suffisamment
accentuée à cet endroit du vers. « Le repos rythmique
restant placé au milieu du vers, il en ressort que l'hémistiche doit finir sur une syllabe tonique, sur une *arsis*
que peut seule marquer ce repos dans le vers français
[*de nature iambique* — c'est son opinion — je passe].
La conséquence forcée de ce principe, dans le système
d'accentuation de la langue française, est que l'hémistiche doit finir avec *la fin d'un mot.* En effet, les fins
seules des mots sont *accentuées.* »

Saran aussi a senti, malgré son système alternant,
que la pause à la césure n'est pour rien dans l'alexandrin moderne[3].

---

[1] *Principes Scientifiques,* p. 61.
[2] *Élément Psychique,* p. 78.
[3] *Op. cit.,* p. 425 :
« Also muss der Vortrag die Reihen der modernen Alexandrinen

Patmore cite[1] avec approbation l'assertion du docteur Johnson que le mètre des romances anglaises (the ballad metre[2] of fourteen syllables, with the stress on the 8th, or what is the same thing, the stave of 'eight and six') « ouvrit la voie aux alexandrins de la poésie française ». Il ajoute que cette opinion, « au lieu d'être une preuve de son ignorance de la poésie française, semble indiquer sa juste appréciation de leurs vers héroïques comme appartenant aux tétramètres et non aux trimètres ».

Vu que ce mètre, selon Patmore, exige une pause finale « égale à un pied », l'alexandrin aurait, selon lui, une pause médiane et finale égale au quart de l'hémistiche, sauf dans le cas où, en français moderne, le second hémistiche est féminin, ou, en ancien français, le premier ou le second — dans ce cas la pause serait diminuée, je suppose, de moitié.

gut verbinden. Es darf auf keinen Fall das Gefühl aufkommen, als sei der Cäsur eine längere Dehnung oder Pause wesentlich. Rhythmische Ueberlänge und rhythmische Pause ist auf der Cäsur falsch... (P. 426.) Man darf die Tonsilbe so weit und so oft dehnen, die Pause so lang machen und so oft anbringen, als nicht der Hörer diese zugelegten Zeiten als rhythmische Werte fühlt und meint, sie seien integrierende Bestandteile des Systems der rhythmischen Zeiten. Der Hörer darf sie nur als kleine Vortragsnuancen, als unwesentliche Merkmale des Verses empfinden. Sobald sie als etwas besonderes auffallen, ist ihre Verwendung falsch. Es sind Schattierungen, die dem naiven Hörer unbemerkt bleiben müssen. »

[1] *Op. cit.*, p. 262.

[2] Patmore cite en guise d'exemple:

Thus, rolling on her burning breast, she strait to Acolia hied,
Into the countrie of cloudy skies, where blustering windes abide.
(Phaer.)

Citons aussi :

The King sits in Dunfermline town
Drinking the blude-red wine, etc.
(Ballade de *Sir Patrick Spens*.)

Il est ainsi d'accord avec Wulff qui soutient que « ce vers est né d'un accouplement de deux petits vers de six syllabes, avec schéma iambique et ayant de rigueur une pause symétrique ($\cup$ —) au milieu et à la fin de ce couplet primitif [1] ».

Il est possible que Patmore et Wulff aient raison pour ce qui concerne les premiers alexandrins français ; mais ils ont certainement tort s'ils veulent étendre à l'alexandrin moderne les particularités de ce mètre au moment de sa naissance.

Wulff ajoute [2] : « Ni les péons (3×4)

$$\cup \cup \cup - | \cup \cup \cup - | \cup \cup \cup - |$$

ou les anapestes (4×3)

$$\cup \cup - | \cup \cup - | \cup \cup - | \cup \cup - |$$

ou même les deux tripodies iambiques sans pauses

$$\cup - \cup - \cup - | \cup - \cup - \cup - |$$

ne constituent des alexandrins. »

C'est confondre les origines avec l'état actuel de l'alexandrin. La pause à la césure ne constitue plus une partie intégrante du vers. Aux origines il en était ainsi ; mais à présent la pause n'existe pas en dehors des quatre périodes. Si elle existe, ce qui est facultatif et dépend du sens, elle doit rentrer dans une des périodes temporelles — la troisième, et en faire partie. La pause finale, quand elle existe, rentre également dans une des périodes — à savoir la première du vers suivant.

Wulff et Patmore sauvent les apparences en faisant de leur pause médiane et finale un pied supplémentaire. Elle n'est pas, par conséquent, quelque chose en dehors du mètre, mais en fait une partie intégrante. Wulff a

---

[1] Wulff : *Rythmicité*, p. 22.
[2] *Ibid.*, p. 23.

l'air d'admettre que, si le sens ne permet pas de pause à ces endroits, le vers est mauvais. « Négliger les pauses là où le schéma a une césure avec pause obligatoire, voilà qui n'est point permis, comme règle... Il faut respecter les pauses constitutives du schéma ; ce sont elles qui constituent, en premier lieu, la charpente du rythme. » Mais on ne comprend pas comment le rythme fournit toujours une pause de la même durée (ou, puisque Wulff s'occupe d'*à peu près,* d'environ la même durée) à tous les endroits où le mètre en exige une.

La théorie générale de Wulff ressemble à sa théorie de l'alexandrin. « Tout schéma métrique a... au moins une coupure, à savoir à la fin du vers, et quelques-uns en ont une ou deux autres à l'intérieur du vers... Dans le texte du vers il doit se trouver ou bien une coupure logique correspondante ou bien, ou *du moins,* une congruence suffisante à la césure[1]. » Il distingue trois sortes de coupures à la césure et à la fin du vers :

(1) *Taktkomma,* tout à fait sans pause ou du moins avec une pause de moins de durée que la syllabe la plus brève qui se trouve dans la thésis (◡).

(2) *Taktdelspaus,* une pause perceptible, correspondant ou à plusieurs syllabes de thésis, ou à une syllabe d'arsis, ou à une syllabe d'arsis et une de thésis[2].

(◡ ; ◡ ◡ ; ◡ ◡ ◡ ; — ; ◡ —)

[1] *Värsbildning,* p. 23 :
« Hvarje taktrads schema har... åtminstone en rytmisk avskärningspunkt, nämligen i slutet av raden, och somliga ha en äller två dylika även inuti raden... I värstäxten bör en motsvarande logisk avskärning finnas, äller *åtminstone* en tillräcklig Kongruens närmast före cesuren... »
[2] « En markbar paus, svarande mot en äller flera tesisstavelser, mot en arsis, äl. tesisdel och arsis (◡ —). » (p. 24.)

(3) *Full takthvila* ou *heltaktspaus,* correspondant à une période ou pied du mètre dont il s'agit dans chaque cas [1].

Il est d'avis d'ailleurs que l'alexandrin, le blank verse, le vers du Niebelungenlied, entre autres, comportent (et exigent) une pause de la dernière catégorie ou à la césure, ou à la fin du vers, ou aux deux endroits.

Il donne pour le blank verse le schéma suivant (*tiostavingens modärna schema*)

$$\cup - \cup - | \cup - \cup - \cup \cup [\cup -]\|$$

Il y a une pause d'une période entière à la fin du vers.

Il faudrait alors condamner, avec beaucoup d'alexandrins, la plupart des vers de *blank verse* écrits depuis Shakespeare, excepté ceux du xviiie siècle !

> I had not eyes like those enchanted eyes,
> Yet dreamed that beings happier than men
> Moved round me in the shadows, and at night
> My dreams were cloven by voices and by fires ;
> And the images I have woven in this story
> Of Forgael and Dectora and the empty waters
> Moved round me in the voices and the fires...
> (W. B. Yeats.)

Si dans ce passage on peut *à la rigueur* trouver dans le mouvement rythmique les pauses finales que demande le schéma imaginé par Wulff, comment en est-il des vers suivants qui ne sont pas mauvais :

> The expense of spirit in a waste of shame
> Is lust in action ; and till action, *lust*
> *Is perjur'd,* murderous, bloody,...
> (Shakespeare : Sonnet 129.)

---

[1] « En paus alldeles lika lång som den i taktraden härskande perioden äl. värsfoten, och tänkt likformig med denna, alltså jambisk i en jambisk taktrad, anapästisk i en anapästisk taktrad », etc. (p. 24.)

If by your art, my dearest father, *you have*
Put the wild waters in this roar, allay them
(*Tempête*, I, 2.)

I have done nothing but in care of thee,
(Of thee, my dear one ! thee, my danghter !) *who*
Art ignorant of what thou art, *nought knowing*
Of whence I am ; how that *I am more better*
Than Prospero, master of a full poor cell,...
(*Id.* I, 2.)

Wulff admet bien qu'il peut y avoir des schémas sans pause[1]. Même dans ces schémas Wulff exige un *Taktkomma* à la fin du vers[2].

Pour moi le *blank verse non-syllabique* est un mètre absolument sans coupure (Avskärning), la disposition en vers étant arbitraire. Je ne puis admettre aucune pause, même la moindre, aucun *Avskärningspunkt* même, dans le schéma d'un mètre dont la disposition en vers ne constitue pas un élément essentiel. J'admets que le *blank verse syllabique*[3] comporte, non certainement une pause, mais une coupure idéale, un *Avskärningspunkt,* qui se traduira peut-être par une pause plutôt idéale — un *Taktkomma*.

Wulff pense que la pause finale, lorsqu'il y en a une, peut être remplie totalement ou en partie par le *upptakt*[4] (anacruse) du vers *suivant* ou *précédent* selon que le mètre est descendant ou ascendant. — C'est une autre façon de dire :

(1) Que la pause n'est pas obligatoire ;

(2) Que dans certains schémas métriques, tous les

---

[1] *Rythmicité*, p. 9.

[2] *Värsbildning*, p. 25 :
« Taktkomma måste man dock alltid tänka sig, åtminstone i slutet av raden. »

[3] Ou avec une forte prépondérance syllabique.

[4] *Ibid.,* p. 70-72.

endroits du schéma n'ont pas besoin d'être remplis par des syllabes, si le rythme fournit une pause : celle-ci peut remplir une période en entier ou en partie — dans ce cas la dernière ou la première période du vers, selon le cas.

Cela veut dire aussi

(3) que des syllabes, appartenant *rythmiquement* au vers précédent ou suivant, selon le cas, peuvent compter dans la première ou la dernière période d'un vers — c'est une très légère dérogation à la disposition en vers, souvent d'ailleurs arbitraire, d'un poème.

Wulff cite à ce propos [1] quelques vers du *Frithiofs Saga,* de Tegner, dont le schéma est, selon lui :

$$- \overset{\smile}{\smile} - \overset{\smile}{\smile} - \overset{\smile}{\smile} - [\overset{\smile}{\smile}] \;|$$

$$- \overset{\smile}{\smile} - \overset{\smile}{\smile} - \smile [- \smile] \;\|$$

La pause $[\overset{\smile}{\smile}]$ ou $[-\smile]$ peut être remplie entièrement ou partiellement par des syllabes, ainsi :

> Midnattsolen på bergen satt [∪∪]
> blodröd till att skåda, [–]
> *det* var ej dag, det var ej natt, [∪]
> *det* vägda emällen båda. [–∪]
>
> (*Balders Bal*, F. Saga, p. 102 [2].)

Continuons, autant que possible avec l'aide de Wulff :

> Prester stodo kring tempelvägg, [∪∪]
> makade bålets bränder, [–∪]
> bleka gubbar med silfverskägg, [OO]
> *och med* flintknif i hårda händer. [–∪]
>
> ... Tål du ej ditt eget guld, [∪∪]
> fegaste i ditt rike? [–]
> *Angurvadel* vill ej ha skuld, [∪∪]
> att ha fällt din like. [–∪]

etc.

---

[1] *Värsbildning,* p. 71.
[2] Je cite l'édition de 1846, Stockholm (Bagge).

D'autres citations illustrent le cas d'un vers ascendant *(Frithiofs Frieri,* p. 30).

Remarquons que Wulff *ne compte pas dans les périodes de son schéma les pauses du rythme.* Son analyse des vers cités est correcte — seulement il aurait dû faire observer que le poète s'est bien gardé de remplir par des syllabes une pause rythmiquement assez importante pour remplir toute la pause métrique. Wulff exige bien en général une pause rythmique aux endroits où le mètre exige une pause métrique, mais il ne s'occupe pas des détails de la correspondance. L'à peu près suffit.

J'analyserai les vers de Tegner en me plaçant à un autre point de vue. J'écarte le syllabisme de Wulff, je retiens les périodes métriques. Le mètre de *Balders Bal* est celui des romances (ballads) anglaises et écossaises *(Sir Patrick Spens,* etc.).

Voici quelques stances de *Sir Patrick Spens :*

> The King sits in Dunfermline town,
>   Drinking the blude-red wine ;
> 'O whare will I get a skeely skipper,
>   To sail this new ship of mine!'
>
> O up and spake an eldern knight,
>   Sat at the King's right knee, —
> 'Sir Patrick Spens is the best sailor
>   That ever sailed the sea'.
>
>   . . .
> They hadna sailed a league, a league,
>   A league but barely three,
> When the lift grew dark, and the wind blew loud.
>   And gurly grew the sea.
>
>   . . .
> And lang, lang, may the maidens sit,
>   Wi' their goud kaims in their hair,
> A' waiting for their ain dear loves!
>   For them they'll see na mair.

O forfy miles off Aberdeen,
  'Tis fifty falthoms deep,
And there lies gûde Sir Patrick Spens,
  Wi' the Scots lords at his feet[1].

Considérons la première stance :

The King | sits | in Dunférm | line tówn | ,

Drínk | ing the blúde | - red wíne | ;

'O whare | will I gét | a skéel | y skípp | er,

To sáil | this new shíp | of míne | !

Je ne vois aucune raison (quelle que soit l'*origine* de ce mètre) pour exiger une pause importante à la fin de chacun de ces vers. Le sens n'en demande pas ; la division périodique que j'indique ici me semble tout à fait suffisante et ne dénature aucunement le mouvement *rythmique* des phrases.

Les périodes | ∧ *Drink* | , | ∧ *O whare* | , | -*er* ∧ *to sail* | rendent absolument, il me semble, l'intention rythmique du poète inconnu. La pause après *town* est relativement courte, mais elle est plus grande que celle après *skipper* ; la pause après *wine* est la plus importante dans cette stance, mais les syllabes *O whare* ensemble sont moins longues (parce que moins accentuées) que la syllabe *Drink*. Si je donne à *Drink* la valeur 4, *whare* aura la valeur 2, *sail* 3, *er*, *O*, *to* la valeur 1. Les trois périodes citées auront la valeur réelle (selon l'expression de Becq) de :

∧Drink	4 + pause
∧O whare	3 + pause
-er ∧ to sail	5 + pause

Les trois pauses auront ainsi (en supposant à chaque période la valeur 6) la valeur relative de 2, 3, 1 — ce qui

---

[1] *Ward's English Poets*, p. 210.

s'accorde avec les exigences du rythme. Le premier et le troisième vers de chaque stance ont quatre, les deux autres trois périodes. Il peut se trouver à la fin de n'importe quel vers une ou deux syllabes sans accent faisant métriquement partie du vers suivant; le mètre reste le même; cela n'est qu'une concession faite à la seule commodité, pour ne pas partager entre deux vers un mot ou groupe de mots très liés ensemble par le rythme.

L'explication périodique est, je pense, ici encore plus simple et plus vraie que n'importe quelle notation syllabique.

Wulff, croyant que la césure consiste en une pause obligatoire, pour courte qu'elle soit, définit l'enjambement, soit à la césure, soit à la fin du vers, comme le manque d'une pause logique (je dis *rythmique*) là où le schéma métrique (il dit *rythmique*) l'exige. Il lui semble suffisant qu'une pause logique quelconque se trouve à un tel endroit du schéma ; une correspondance absolue de durée n'est pas nécessaire. En cela il est conséquent. Sa théorie de *l'à peu près* ne demande pas davantage. Il déconseille l'emploi de l'enjambement, soit césural, soit final.; il considère comme très dangereux son emploi continuel. C'est, pour lui, naturellement, un procédé d'exception [1].

---

[1] *Värsbildning*, p. 23 :

« Men om en logisk paus *saknas* (d. v. s. ecke får iaktagas) på något ställe i täxten, där det rytmiska *schemat* har en betydlig paus, så uppstår hvad man kallat *enjambering* (överklivning), hvilken i regeln måste undvikas... » (p. 30.) « Det säjer sig nu själt, att täxten har större svårighet att "kliva över" prån den ena värsraden... till den andra, ju större den schematiska pausen är... Naturligtvis är alls ingen överklivning för handen, om en logisk paus förefinnes på det vidkommande täxtstället, vore än denna paus helt obetydlig — till och med så obetydlig att skiljetecken icke pläger utsättas — », c'est-à-dire,

La pause est pour Patmore une véritable obsession. Selon lui « la césure ou pause médiane est, dans quelques mètres, si importante que les vers ne se laissent pas scander si l'on ne tient pas compte de sa durée[1]. »

Si Patmore entendait par *pause médiane* seulement un point de coupure métrique, comme celle à la césure et à la fin de l'alexandrin ou à la fin d'un vers de *blank verse* syllabique — un *Avskärningspunkt* — il aurait pleinement raison.

Mais il n'en est rien. Selon lui (et ici il se sépare de Wulff, qui exige plus ou moins de correspondance entre les deux catégories de pauses) « une pause finale égale à un pied entier peut avoir lieu entre le nominatif et son régime au génitif[2] ». Quant à la division logique de la phrase, il se range à l'avis que j'ai déjà relevé dans la théorie de Wulff, à savoir qu' « un point grammatical peut se trouver à l'intérieur d'une période métrique sans que la durée de cette période en soit augmentée ni le nombre des syllabes diminué[3] ».

---

il accepte la pause de suspension comme suffisante à la césure — mais il ne va pas plus loin.

[1] *Op. cit.*, p. 239 :

« In the works of the most authoritative prosodians... the various kinds of *catalexis*, and measurable caesural pause, appear rather as *interruptions* than *subjects* of metrical law... (p. 240.) The caesural, or middle pause, in some kinds of verse, is of such duration that the verse cannot be rightly scanned without allowing for it... The most common of... errors is that of identifying metrical pauses with grammatical stops... Now, one of the most fertile sources of the " ravishing division " in fine versification is the opposition of these elements — that is to say, the breaking up of a grammatical clause by caesural pause, whether at the end or in the middle of a verse. »

[2] *Ibid.*, p. 240 :

« A final pause equal to an entire foot may occur between the nominative and the governed genitive. »

[3] *Ibid.*, p. 240 :

« A grammatical period may occur in the middle of an accentual

Patmore pense donc que le mètre peut dénaturer le rythme et qu'il peut y avoir des pauses métriques où le sens n'en exige pas.

Il y a bien une pause au milieu du premier des deux vers qu'il cite (p. 241) :

> And some I see again ∧ sit still, and say but small,
> That can do ten times more than they that say they can do all.

La raison n'en est pourtant nullement d'ordre pure-·ment métrique. Il est vrai que le mètre exige une pause, mais le rythme la fournit. S'il n'en était pas ainsi,·le mètre fausserait le rythme et le vers serait mauvais.

Il peut bien y avoir quelquefois une pause, sinon d'un pied entier, du moins sensible, entre le nominatif et son régime ; mais cette pause, loin d'être seulement métrique, est nécessaire pour bien rendre le sens de la phrase. Elle est rythmique avant d'être métrique. Si le mètre exige une pause où le rythme n'en a pas, — et le plus souvent le rythme ne comporte pas de pause plus importante qu'une simple suspension de la voix (les deux groupes accentuels étant très liés l'un à l'autre) entre un nominatif et son régime, — le vers est tout simplement irrégulier pour ne pas dire mauvais. Croire qu'on peut négliger les pauses rythmiques est, sans façon, — je l'ai déjà dit à propos de Wulff, — une erreur des plus néfastes.

Patmore ne se borne pas à subordonner le rythme au mètre; il les confond l'un avec l'autre à propos de la disposition en vers d'un poème. « Quand chaque vers, dans un passage de poésie, commence avec le commencement d'une période métrique, le résultat en

interval without lengthening its time or diminishing the number of the included syllables. »

est une augmentation de relief, mais en même temps
une forte diminution de continuité et de beauté rythmique [1]. »

Or la disposition en vers est, sauf dans le cas d'un
mètre syllabique, tout à fait arbitraire. A part ce cas,
la beauté rythmique d'une poésie ne peut donc être
influencée dans aucun sens par cette disposition.

A propos du *blank verse*, Patmore parle de « la
nécessité que les vers soient toujours catalectiques,
puisque, en l'absence de la rime, une pause finale d'une
valeur appréciable est le seul moyen de marquer l'existence séparée des vers [2] ». Il oublie que (1) le blank
verse n'est pas toujours syllabique et ainsi ne comporte
pas toujours l'existence séparée de ses vers constitutifs, et (2) le syllabisme suffit pour marquer cette existence séparée des vers.

En ce qui concerne les métriciens qui se sont occupés
exclusivement du français, Bibesco [3] confond également
le mètre avec le rythme, mais, à l'inverse de Wulff et
Patmore, il néglige la césure et s'attache à la division
rythmique. « Chez les romantiques, dit-il, ces groupes,
de quatre, de trois ou, plus rarement, de deux mesures, subdivisées chacune en un nombre variable de
temps syllabiques atones ou accentués, présentent des
exemples intéressants. Hugo nous fournira quelques
types fort beaux de ces coupes :

A. — *Groupe de Trois Mesures, chacune de Quatre
Temps syllabiques :*

> J'ai vu Sforza, | j'ai vu Borgia, | j'ai vu Luther.

---

[1] *Op. cit.,* p. 245. Rythmique au sens assez vague de l'acception
ordinaire.

[2] *Ibid.,* p. 265.

[3] *Op. cit.,* p. 21.

B. — *Groupe de Trois Mesures, la I*re *de Quatre, la II*e *de Deux, la III*e *de Six Temps syllabiques :*

Marchaient pensifs, | la glace | à leur moustache grise.

C. — *Groupe de Deux Mesures, la I*re *de Huit Temps, la II*e *de Quatre Temps syllabiques :*

Et chacun se sentant mourir, | on était seul[1].

Becq de Fouquières croit, nous l'avons vu, à l'existence dans l'alexandrin, dit classique, d'une pause à la césure et à la fin du vers. Cette pause est, selon lui, obligatoire et doit être comprise dans la durée des périodes. D'Eichthal exprime le même avis. De Souza croit que « la *généralisation* de l'enjambement portant à la fois sur la césure et le terme du mètre est théoriquement la négation même du rythme perceptible, puisque des enjambements successifs en l'allongeant le déforment et l'empêchent de se reformer[2] ». Il cite, en les approuvant, les paroles suivantes de Vielé-Griffin[3] : « Il existe instinctivement une répulsion pour l'enjambement... Or le romantisme, dans sa dislocation passionnée du vieux moule classique, a brutalement pratiqué l'enjambement ; et la joie iconoclastique fut telle qu'on oublia, pour ce leurre de liberté qui est la négation même du vers, cette autre réforme accomplie de nos jours et qui mobilise la césure jusque-là

---

[1] Son Altesse n'est pas un métricien scientifique : sa jolie plaquette sur papier de Hollande, pour intéressante et même spirituelle qu'elle soit, ne renferme aucun aperçu synthétique de la *Question du Vers Français*. Malgré une lettre de M. Sully-Prudhomme en guise de préface, la brochure du prince Alexandre Bibesco peut, sans que la métrique y perde, partager le sort commun des éditions de luxe princières.

[2] *Op. cit.*, p. 134.

[3] *Entretiens politiques et littéraires*, 1er mars 1890.

respectée par les plus farouches. » C'est ne pas comprendre que l'alexandrin est une entité métrique, tandis que le vers libre est une entité rythmique.

Guyau comprend que la césure n'exige pas nécessairement de pause. « On a dit qu'elle marquait un repos, une suspension de la voix ; ce n'est pas très exact, car si la voix insiste à cet endroit, elle peut fort bien ne pas se suspendre, et le doit même dans la plupart des cas[1]. »

Grammont pense « qu'un poème quelconque de V. Hugo, par exemple *Le Petit Roi de Galice*... est une pièce *en vers libres* », parce que « le fond est en tétramètres, mais il y a plusieurs trimètres et quelques pentamètres et hexamètres ».

Non, les vers libres ne se font pas selon la formule vraiment trop simple qui consiste à mêler toutes sortes de mètres différents dans une seule et même pièce.

Grammont confond, du reste, la coupe métrique avec la coupe rythmique. Parce que les vers de V. Hugo se divisent, *selon le rythme,* tantôt en trois, tantôt en quatre, tantôt en cinq ou même six sections, il les considère, par rapport au *mètre,* tantôt comme trimétriques, tantôt comme tétramétriques, tantôt, selon le cas, comme pentamétriques et même comme hexamétriques.

Les vers libres ont, malgré Grammont, leur mètre fixe comme tous les autres vers — alexandrins, décasyllabes, etc. Seulement :

(1) La disposition métrique par groupes de quatre,

---

[1] *Op. cit.,* p. 188. Voir ci-dessous (5) *Le Trimètre Romantique.*

cinq, etc., périodes fait place à une disposition rythmique par groupes logiques, etc., selon le sens;

(2) Les vers libres sont presque toujours non-syllabiques [1].

En français, chaque vers libre contient une, deux,
trois, etc., périodes métriques entières. Le vers finit
toujours avec la fin d'une période. C'est un corollaire
évident des lois de l'accentuation française. En anglais,
un vers peut ne pas finir, et même très souvent ne
finira pas avec la fin d'une période. Cela résulte naturellement du système d'accentuation anglais.

Les pauses rythmiques entre les vers — car la dispo-

---

[1] Verhaeren en a fait de syllabiques. Remarquer que des vers
libres syllabiques (et même non-syllabiques) peuvent avoir une res-
semblance superficielle avec certains vers non libres, où une très
grande part est faite à l'élément de pause, par ex. *Roi Lear*, p. 702
(éd. Newnes), acte IV, scène 6, le passage suivant, où l'émotion du
vieux roi se traduit par un débit saccadé, découpé par de nombreuses
pauses, plus longues que dans le débit ordinaire, égales quelquefois à trois périodes entières, plus souvent à deux :

Ay, every inch a king :
When I do stare, see how the subject quakes,
I pardon that man's life. What was thy cause ? —
Adultery ? —
Thou shalt not die : die for adultery! No :
etc., etc.

C'est du *blank verse*, même syllabique, non des vers libres.
Voici des vers libres de Verhaeren :

Oh l'or, son or qu'il sème au loin,
Là-bas, dans les villes de la folie,
Là-bas, dans les hameaux calmes et doux,
Dans l'air et la lumière et la splendeur partout,
Son *or* ailé qui s'enivre d'espace...

(*Forces Tumultueuses*, p. 48.)

On pourrait faire des vers ayant chacun les quatre périodes de
l'alexandrin sans l'élément syllabique — c'est-à-dire des alexandrins
non-syllabiques, si l'on ose les qualifier d'alexandrins. On en trouve
dans quelques-uns des poètes contemporains, entre autres, Merrill.

sition étant rythmique, il y a toujours une pause, pour courte qu'elle soit, à la fin du vers — doivent, bien entendu, compter dans le mètre, rentrant, en français toujours dans la première période du vers suivant, en anglais dans la dernière période du vers précédent ou la première période du vers suivant, selon le cas. Mais les vers-libristes ont souvent négligé cette condition d'un mètre continu, avec le résultat que le mouvement de leur vers n'est pas toujours régulier, et que la durée de la pause entre les vers n'est pas précisée[1].

Il faut remarquer que la division en vers n'est pas seulement logique : l'émotion y est pour quelque chose. La division est *rythmique* dans la plus large acception que comporte la définition que j'ai donnée de ce terme. De plus, vu que la division est rythmique, il y a, tout au contraire de l'alexandrin, toujours une pause d'une importance relativement grande, c'est-à-dire une pause d'arrêt, à la fin de chaque vers — pause d'ailleurs plus grande qu'aucune pause à l'intérieur du vers. Le poète peut ainsi indiquer clairement les pauses demandées par l'*ethos* de la phrase en coupant cette dernière aux endroits convenables par une fin de vers.

Aussi la critique de Souza[2] à l'endroit d'un passage de Vielé-Griffin *(Le Porcher)* n'est-elle pas fondée. Il cite les vers :

> Ici, parmi les chênes,
> L'ombre est un miroir étrange
> De rêveries
> Et toutes les fleurs sont telles qu'elles vivent
> De vieilles vies
> Pensives ;

---

[1] Ajoutons qu'une pause peut bien occuper en tout ou en partie plus d'une période ; les vers auront ainsi quelquefois l'air d'être mal construits sans l'être réellement.

[2] *Op. cit.*, p. 217-18.

Et quand je songe, en regardant les plaines
Là-bas, qui roulent par delà les branches, basses
Comme une frange,
Il passe des cortèges d'heures oubliées
— Ou presque — car voici que je suis vieux :
Elles passent
Vers les collines ensoleillées
Comme en chantant
Comme des filles et des jouvenceaux,
Et je ferme les yeux...

et il ajoute : « Beaucoup de mots ici ne sont mis en valeur que pour les yeux. Par exemple dans : ' L'ombre est un miroir étrange — *de rêveries* ', l'oreille ne saisit point le relief du deuxième petit vers, parce que *le complément de l'idée* ne finissant qu'après ' rêveries ', la rime de ' frange ', six vers plus loin, n'est pas assez rapprochée pour faire sentir la fin d'un rythme au mot ' étrange '. — ' Et toutes les fleurs sont telles — qu'elles vivent de vieilles vies pensives ' sont des coupes que, selon la logique du poète, cette phrase demanderait à rythmer : les accents forts de *telles* et de *-sives* ruinant les valeurs même rimées des autres, etc. ». . . Le poète indique son intention *rythmique* (non pas *métrique*) par des rimes : les rimes ne marquent pas la division rythmique, déjà existante, mais elles la soulignent, comme l'allitération dans la poésie germanique du moyen âge. Elles sont ainsi dans une bonne poésie une indication précise de l'*ethos* que le poète a voulu y mettre, et non autant de fausses notations de divisions arbitraires, comme le veut Souza.

Pour ce qui concerne les métriciens anglais, Patmore à part, on trouve l'opinion orthodoxe exprimée par Mayor : « La pause la plus nécessaire dans le vers est celle qui empêche un vers d'enjamber sur un autre, et qui garde ainsi le mètre intact ; mais on l'omet souvent pour obtenir la variété ou pour produire un effet de facilité et d'abandon naturel[1]. »

Ainsi, selon Mayor, la pause finale ne compte pas dans le mètre : c'est quelque chose d'extérieur et d'en dehors du schéma métrique. Le mètre ne s'en sert pas. C'est un élément purement rythmique. Dire que la pause finale *garde le mètre intact* vaut le reste de la théorie accentuelle orthodoxe. Le retour continuel d'une pause après cinq périodes serait d'une monotonie insupportable. Mayor l'a, du reste, bien senti ; il admet virtuellement que la plus grande partie de la poésie anglaise *ne respecte pas* cette pause, la plus nécessaire de toutes. Pourquoi, on se demande, établir une règle, qui est plus souvent violée qu'elle n'est observée, et cela dans la meilleure poésie — les derniers drames de Shakespeare et le *Paradis perdu* de Milton.

Bridges partage la même erreur. Son assertion que « le premier pied se trouve dans une position spéciale, puisque les syllabes sans accent qui précèdent la syllabe accentuée de ce pied n'ont de syllabe accentuée que d'un côté[2] », l'entraîne. Il pense que le vers de *blank verse* est une entité *rythmique* séparée de celle qui la précède comme de celle qui la suit par une pause appréciable.

Patmore scande un vers de la ronde célèbre *Sing a Song of Sixpence*. Omond en scande deux. Wulff a donné le schéma du *Knittel*[3] qui correspond à peu près à la ronde anglaise. Il est intéressant de comparer les résultats des trois métriciens.

---

[1] *Op. cit.*, p. 9. Çp., p. 98 et suiv. Ce passage est un chaos d'inconséquences.

[2] *Op. cit.*, p. 100 :

« The first foot is in an exceptional condition, the unstressed syllables that precede its stress having, a stress on one side of them only.»

[3] *Knittel* = anglais *doggerel*.

Patmore scande le second vers de la seconde stance ainsi : [1]

(Le signe ∧ indique une pause faisant partie constitutive de la période).

The Queen | was in | her par | lour ∧ | ∧ eat | ing bread | and hon
[| ey ∧ |

Omond donne du dernier vers de chaque stance la scansion suivante [2] :

Now was | not this | a dain | ty dish | to set | before | a King...
By | came | a black | bird | and nipt | off | her nose |

Wulff [3] établit le schéma suivant :

$$(\smile) - (\smile\smile\smile) - [\smile -] \| (\smile) - (\smile\smile) - [\smile -] \|$$

qui s'applique apparemment de la façon suivante :

The Queen was in her parlour   eat ing bread and honey
$$\smile \quad - \quad \smile \; \smile \; \smile \; - \; \smile \; [-] \| (\smile) - \smile \quad \smile \quad \smile - \smile [-]$$
ou
By came a black bird   and nipt off her nose
$$(\smile) - \quad \smile \smile \quad - \quad \smile [-] \quad \| \quad \smile \; - \quad \smile \smile \quad - \quad [\smile -]$$

c'est-à-dire Wulff trouve aux rondes le même schéma qu'à la poésie allitérative anglo-saxonne, etc.

La ronde entière court ainsi :

Sing a song of sixpence, a pocket full of rye,
Four and twenty blackbirds, baked in a pie :
When the pie was opened, the birds began to sing,
Now was not this a dainty dish to set before a King ?

The King was in his counting-house, counting out his money,
The Queen was in her parlour, eating bread and honey,
The Maid was in the garden, hanging out the clothes,
By came a blackbird, and nipt off her nose.

---

[1] *Op. cit.*, p. 261.
[2] *Op. cit.*, p. 5.
[3] *Värsbildning*, p. 25 :
« Med två starka stavelser i hvar halva, fri tesis, takthvila inuti och i slutet. » — Les deux syllabes de la thésis dans le second hémistiche du schéma représentent ainsi, paraît-il, comme les deux du premier, simplement une thèse variable.

Le *rythme* exige une pause plus ou moins longue au milieu et à la fin de chaque vers. Le *mètre* peut ainsi s'en servir. Wulff me semble trop négliger la valeur accentuelle (et temporelle) des syllabes qui séparent ses deux accents forts dans chaque hémistiche. Il compte, il est vrai, sur l'à peu près ; mais, même en se plaçant à son point de vue, on ne saurait subordonner des accents nullement moins importants que ceux auxquels il veut qu'on les subordonne. Les brèves ne seraient pas *suffisamment brèves* et la rythmicité serait vraiment trop mauvaise même pour le « doggerel » d'une ronde. Il n'en est pas ainsi. Tous les accents sont congruents, comme il convient à une poésie non-syllabique. Chaque vers contient six périodes et la ronde entière doit, selon mon opinion, se scander ainsi qu'il suit :

[J'indique par ⋀ les pauses d'arrêt. Je n'indique pas les pauses de suspension : je me borne à souligner les périodes qui ne correspondent pas à des groupes accentuels.]

⋀ Sing | a sóng | of síx | *pence* ⋀ *a póck* | *et fúll* | of rýe |

⋀ Fóur | *and twén* | *ty bláck* | *birds* ⋀ *bák'd* | ín | a píe |

⋀ When | the pie | *was óp* | *en'd* ⋀ *the bírds* | begán | to sing | .

⋀ Now wás | *not this a dáin* | *ty dísh* | ⋀ to sét | before | a Kíng |

⋀The King | *was in his cóunt* | *ing house* | cóunt | *ing óut* | *his món-* | -

ey ⋀ The Queén | *was in her pár* | *lour* ⋀ *éat* | *ing bréad* | *and hón-* | -

ey ⋀ The Máid | *was in the gár* | *den* ⋀ *háng* | *ing ónt* | the clóthes |

⋀ Bý | cáme | *a bláck* | *bird* ⋀ *and nípt* | *óff* | her nóse | .

Considérons, dans la 1re stance, les périodes contenant une pause appréciable — c'est-à-dire une pause d'arrêt :

(1)		(2)	
	⋀ Sing		— pence ⋀ a póck-
	⋀ Four		— birds ⋀ bak'd
	⋀ When		— en'd ⋀ the birds
	⋀ Now was		⋀ to set

Si j'indique par 4 la valeur accentuelle (et temporelle) de *Sing, Four, -bak'd, set,* la valeur accentuelle de *pock-, birds* (en'd ∧ the birds), *was* sera représentée par 3, celle de *when, now, -birds* par 2, et celle de *a, the, to, pence*[1]*, -en'd* par 1.

La valeur des périodes dont il s'agit sera ainsi :

(1)	∧ Sing	= Pause + 4
	∧ Four	= Pause + 4
	∧ When	= Pause + 2
	Now was	= Pause + 4
(2)	— pence ∧ a pock	= Pause + 5
	— birds ∧ bak'd	= Pause + 6
	— en'd ∧ the birds	= Pause + 4
	∧ to set	= Pause + 5

Si l'on représente maintenant la durée de chaque période par 6, la valeur de la pause dans chaque période sera : 2 2 4 2; 1 0 2 1[2]; — les pauses finales, comprises dans la première période du vers suivant, étant en général plus longues que les pauses médianes. Or le rythme exige justement ces rapports entre les pauses. Le *mètre* reproduit ainsi la distribution et la durée des syllabes et des pauses que fournit le *rythme*.

Patmore soutient que le *Cid* et le *Niebelungenlied* ont tous deux le même mètre que la ronde *Sing a Song of Sixpence,* c'est-à-dire que le vers est tétramétrique, avec une forte pause médiane et finale, probablement :

$$\cup - \cup - \cup - \cup \; [-] \; \cup - \cup - \cup - [\cup -]$$

qu'il assimile à l'ancien mètre saturnien. Seulement les auteurs de ces poèmes se seraient permis de négliger,

---

[1] La prononciation *six-pénce* n'est pas admissible. C'est un néologisme populaire ou plutôt commercial. En anglais ordinaire la syllabe *-pence* est tout à fait *non accentuée.*

[2] La valeur attribuée aux syllabes n'étant qu'approximative, la valeur 0 de la pause dans la période *-birds∧bak'd* indique non pas une absence de pause, mais une pause d'une importance relativement très légère.

assez souvent et arbitrairement, la pause médiane et finale [1].

Peut-être l'auteur anonyme de la ronde s'est-il permis la même *latitude*. C'est vraiment donner le coup de grâce à la métrique scientifique !

L'explication généralement reçue du mètre de la *Chanson des Niebelungs* est que chaque vers contient sept accents avec une forte pause médiane et finale.

Wulff[2] donne le schéma :

$$\cup - \cup - \cup - \cup \, [-] \mid \cup - \cup - \cup - [\cup -].$$

Le premier vers se scanderait selon ce schéma :

Uns ist | in alt | en mær | en [—] (⌣) wund- | -ers vil | geseit | [⌣—]

et, selon le système orthodoxe :

Uns íst | in álten ∧ máerén ∧ wúnders vií geseít ∧

Wulff est d'accord avec Patmore — mais il ne se permet pas des inconséquences telles que celle que j'ai relevée chez ce dernier.

Ne serait-il pas plus simple de dire que le vers du *Niebelungenlied* contient sept périodes, dont la quatrième est le plus souvent remplie presque entièrement par une pause[3], sauf dans le quatrième vers de chaque stance, ainsi :

Uns íst | in ált | en máer | en ∧ | ∧ wún | ders víl | geseít |

∧ von hél | eden ló | behær | en ∧ | von gróz | er ar | ebeít |

∧ von fröú | den hóch | gezít- | en ∧ | von wéin | en únd | von klág | -

- ∧ en von kúen | er réck | en strít | en ∧ muget íhr | nu wúnd | er

hœr | en sag | en

---

[1] *Op. cit.*, p. 261 :

« The authors have adopted the great latitude, falsely called license, in the use or omission of middle pauses and catalexis. »

[2] *Värsbildning*, p. 25.

[3] Le fait qu'une syllabe accentuée peut être remplacée par une pause n'offre pas de difficulté. J'en ai relevé des exemples dans Shakespeare. — Voir ci-dessus III (3) *La Pause en général* (périodes entières ainsi remplacées).

V

Becq de Fouquières a imaginé une coupe ternaire de l'alexandrin pour en constituer de cette façon ce que lui et d'autres ont appelé le *trimètre romantique*. Il a voulu surtout montrer que cette coupe était de création romantique. De Souza va jusqu'à en trouver des exemples dans les chansons de gestes : « Le moyen âge, dit-il, le XVIᵉ et le XVIIᵉ siècle, La Fontaine notamment, avant Hugo, les ont connues[1]. »

Il s'agit de vers comme ceux-ci :

Formule 462 :
> La mélodie encor quelques instants se traîne...
> (Hugo.)

Formule 363 :
> L'homme eut peur : mais comment esquiver ? et que faire ?
> (La Fontaine.)

Formule 444 :
> Je puis l'aimer sans être esclave de mon père...
> (Racine.)

Formule 354 :
> Quelquefois elle appelle Oreste à son secours...
> (Racine.)

Selon Becq de Fouquières « le mode romantique diminue le temps normal du vers de l'intervalle de temps qui sépare deux arsis, c'est-à-dire du quart de la durée totale ». Le temps du vers romantique est donc

---

[1] *Op. cit.*, p. 111.

celui de 18 croches, sans césure, comme :

| On | s'ad | or | ait | d'un | bout | à | l'autre | de | la | vie |

| L'appariti | on | prit | un | brin | de | paille | et | dit |

| Et | tout | est | fixe | et | pas | un | cour | sier | ne | se | cabre |

| Il | est | grand | et | blond, | l'autre | est | pe | tit, | pâle | et | brun [1] |

Le *trimètre romantique* est une illusion. On peut
bien écrire des trimètres. Mais ces trimètres ne sont pas
des alexandrins. Il s'agit d'un tout autre mètre, et un
poète qui sait son métier ne changera pas à tout propos
le mètre de son poème. Il se servira des effets compor-
tés par le mètre qu'il a choisi — et il y en a suffisamment !

Comment alors expliquer les prétendus trimètres
romantiques ?

Il n'y a pas la moindre difficulté.

Ni Becq de Fouquières, ni Souza n'ont fait la distinction si nécessaire entre le *mètre* et le *rythme;* ils
n'ont pas compris l'indépendance théorique de l'élément
psychique (de la Grasserie, *Principes*, p. 81). Dans les
deux derniers vers que j'ai cités de Becq, la division
en périodes temporelles correspond à la division en
groupes accentuels. Le sens demande une forte pause
de suspension après la sixième syllabe, pour bien mettre en valeur les mots : *un, l'autre.* Tout ce qui manque,

[1] Selon Becq, *op. cit.*, p. 196-7.

pour que ces vers rentrent dans le cadre régulier de l'alexandrin classique, c'est une pause d'arrêt. Faute de distinguer le *mètre* du *rythme,* Becq de Fouquières a manqué de comprendre cette nécessité du débit.

Cette espèce de rejet (et d'enjambement) n'a pas de limites. Elle est bonne toutes les fois que le poète trouve bon de s'en servir. On peut l'appeler un *rejet (ou enjambement) faux,* parce qu'il n'existe pas si l'on tient compte du rythme, le mètre correspondant bien au rythme à la césure.

Mais Becq donne d'autres exemples où il n'y a pas correspondance à la césure. J'ai déjà expliqué que le mètre de l'alexandrin subsiste toujours dans ces cas. Becq se trompe : ce ne sont pas des trimètres. C'est seulement un cas de *non-correspondance* du rythme avec le mètre à la césure [1]. Il a été établi ci-dessus que cette non-correspondance est limitée par les considérations suivantes :

(1) Vu la nécessité de bien marquer la sixième (ou la douzième syllabe) pour ne laisser aucun doute sur la position de l'ictus, les accents d'une valeur insuffisante ne peuvent, sauf très exceptionnellement, se trouver ni à la césure, ni à la fin du vers.

(2) Le rejet à la césure ou à la fin du vers, devant remplir une période entière, ne sera que très rarement d'une syllabe.

A part cela, le poète est libre.

Telle est l'explication très simple du *trimètre romantique.*

C'est en somme l'explication qu'en donne de la Grasserie qui s'élève contre les vues de Becq de Fouquières. Il établit que « le déplacement du repos psychique inté-

---

[1] Voir ci-dessus, p. 143 et suiv.

12

rieur crée... un vers trimètre, mais seulement trimètre
au point de vue psychique, il reste dimètre au
point de vue rythmique... L'école romantique... créa
les repos psychiques mobiles... Il en résulta un vers
trimètre, mais un *vers trimètre* irrégulier, et encore ce
vers ne fut-il trimètre qu'au point de vue psychique, il
resta dimètre au point de vue phonique[1].

« En effet, au point de vue phonique, un vers trimètre ou autre, mais irrégulier, ne se comprend plus. *Des*
coupures de temps, si elles sont toujours irrégulières,
ne marquent plus le temps. Coupez le temps d'un vers
de douze syllabes en 2-6-4, le temps du vers suivant en
3-7-2, le suivant en 6-4-2 ; ... le temps... ne sera plus
divisé par des repos rythmiques servant à le marquer.
Le vers rythmique peut être dimètre, trimètre, hexa-
mètre, mais dans chacune de ces manières de se diviser, il doit se diviser toujours de la même manière, ou
ce n'est plus intérieurement un vers au point de vue du
temps à moins que l'on ne prononce des nombres différents de syllabes dans le même temps...

« Au point de vue psychique, au contraire, les repos
peuvent ne pas coïncider avec les coupures du temps,
et si le vers est coupé psychiquement en trois parties,
ces coupures psychiques peuvent incessamment varier.

« Becq de Fouquières n'a pas bien compris ce principe lorsqu'il prétend que le trimètre irrégulier qui
existe bien au point de vue psychique, mais qui ne saurait exister, tout au moins en observant la loi de la
symétrie de dessin, au point de vue rythmique, est
bien un vers complet même à ce dernier point de vue.
Il l'explique en disant que même dans le trimètre irré-

---

[1] *Élément Psychique*, &c., p. 78-82. Par rythmique de la Grasserie
entend *métrique*, par psychique il entend *rythmique*.

gulier les *coupures du temps* sont bien *immuables* et
toujours à la même place, que seulement on place dans
ces divisions du temps, tantôt un plus grand nombre,
tantôt un plus petit nombre de syllabes. Il en résulte-
rait que dans un mètre du trimètre, si les syllabes sont
plus nombreuses que dans l'autre, elles devront se prononcer beaucoup plus rapidement, ce qui n'a pas lieu
exactement, et *ce qui ferait d'ailleurs dépendre l'existence même du vers d'un genre de lecture rythmique;
le lecteur collaborerait à la confection du vers, ce
qui est inadmissible* (je souligne).

« Dans ce vers :

> Près d'un roc qu'on aurait pris pour un grand décombre

qu'il scande ainsi :

> Près d'un roc — qu'on aurait pris — pour un grand décombre

il voit *trois mesures de temps égales,* et pour qu'elles
restent égales, on doit prononcer : *près d'un roc,* dans
le même temps qu'on a mis à prononcer : *pour un
grand décombre.*

« La vérité est autre en ce qui concerne le vers du
système romantique... Il faut conserver les deux repos
discordants. Je marque le repos rythmique par — et le
repos psychique par | et je scande ainsi :

> Près d'un roc | qu'on aurait — pris | pour un grand décombre

« Il en résulte que dans l'école romantique le repos
rythmique reste bien à l'hémistiche, mais qu'au lieu de
rester *patent,* la concurrence des repos psychiques le
rend *latent.*

« Ce qui le prouve, c'est ce qui se produit à la fin du
vers lors de l'enjambement. L'enjambement ne détruit
pas *le repos rythmique* de la fin du vers marqué d'ailleurs si fortement par la *rime,* mais il retire de la même

place le *repos psychique* qu'il établit plus loin. Cette concurrence du repos psychique déplacé rend alors le repos rythmique et conservé, de patent qu'il était, désormais latent. Le même résultat s'est produit à l'hémistiche.

« *Telle est toute la révolution romantique ;...* elle assure l'indépendance de l'élément psychique qui jusqu'alors était sacrifiée...

« Un vers ne doit pas toujours enjamber sur l'autre. En général il n'y a pas enjambement dans deux vers successifs, ou dans plus de deux vers, et surtout pas deux enjambements successifs à l'hémistiche... Les deux repos *psychique* et *rythmique* doivent de temps en temps coïncider. »

Je relève dans ce passage trois erreurs importantes :

(1) De la Grasserie ne fait pas la distinction très importante entre les rejets (et enjambements) *réels* et *faux*.

(2) Le vers qu'il choisit pour illustrer sa thèse est bien un mauvais vers, car le rejet est *d'une* syllabe sans aucune possibilité qu'elle occupe toute une période et l'accent de la sixième syllabe est presque ou tout à fait insuffisant pour marquer l'ictus.

(3) L'assertion que j'ai soulignée (p. 179) renferme une erreur insidieuse. Il est certainement inadmissible que le lecteur *collabore à la confection du vers.* Ce serait subordonner le *rythme* au *mètre* et fausser celui-là au profit de celui-ci. Mais comment collaborerait-il dans ce cas plus que dans le cas de l'alexandrin à quatre périodes ? Dans l'alexandrin classique le nombre de syllabes dans chaque période peut varier. Si le vers est bon, le *rythme* répartira les syllabes sur les quatre périodes sans que le lecteur intervienne. Un bon poète choisit ses mots de sorte que le mètre et le rythme coïncident.

Rien ne l'empêcherait d'en faire autant dans le cas d'un vers de douze syllabes partagées en trois périodes [1].

R. de la Grasserie a pourtant raison en refusant à

[1] On peut écrire des trimètres — j'entends des vers de douze syllabes partagées entre trois périodes, soit avec, soit sans syllabisme ; mais ces trimètres ne sont pas des alexandrins et on ne doit pas mêler indistinctement les deux mètres. Ainsi Grammont a tort de prétendre (p. 63) que « la réforme de Victor Hugo est une première étape dans l'évolution de l'alexandrin classique ; la suppression de toute espèce d'accent sur la sixième syllabe, de toute espèce de coupe, fût-ce une simple séparation de mots, après cette syllabe, est une seconde étape appelée par la première ». Cette suppression est toute naturelle dans le trimètre, qui, je répète, n'est pas un alexandrin. [Grammont dit très bien : « Il ne suffit pas pour faire un vers de compter douze syllabes et de supprimer la césure après la sixième. Il faut que ces douze syllabes soit rythmées et que le rythme soit net. » Rien de plus vrai. En cela consiste la difficulté d'écrire des trimètres sans élément syllabique moindre que le vers de douze syllabes.] Mais faire des *alexandrins* sans accent suffisant à la sixième syllabe, comme en a fait Francis Jammes, c'est simplement abandonner le syllabisme et même la disposition des vers en groupes de quatre périodes. Les vers :

> Du coteau où les renards font leurs terriers...
> Toute l'année font se pencher les herbes fines...
>
> (*Élégie Dixième.*)

n'admettent pas évidemment la division :

> Du coteau où les re | nards font leurs terriers...
> Toute l'année font se | pencher les herbes fines...

Ils ne peuvent pas non plus être des trimètres véritables, car ils se trouvent au beau milieu d'une poésie écrite en alexandrins. La pièce ne sera métrique que considérée comme étant écrite en vers libres, sans syllabisme, avec une disposition *fictive* en groupes de douze syllabes :

Par exemple :

> Quand mon cœur | sera mort |
> D'aimer | :
> Sur le penchant | du coteau |
> Où les renards | font leurs terriers |
> A l'endroit | où l'on trouve | des tulipes sauvages |

Mais encore faudrait-il s'assurer que le *rythme* de la pièce comportât cette division métrique en périodes.

ces soi-disant alexandrins trimètres une telle division. Il est évident que le poète n'a pas choisi ses mots de la sorte. Débiter ces vers en trois périodes égales n'en ferait pas ressortir le sens, le fausserait au contraire ou le contrarierait complètement.

Guyau critique vivement ces prétendus trimètres romantiques [cette étrange théorie du *vers romantique*, p. 211, note] et la prétention qu'avaient Victor Hugo et les autres Romantiques d'avoir « supprimé la césure et fait *basculer la balance hémistiche* » (p. 197).

Examinons en détail la critique de Guyau. Il a bien raison d'exiger que le temps fort de la césure, quelque affaibli qu'il soit, puisse toujours se battre. C'est la condition même de l'intégrité de l'alexandrin (p. 209). « Le sixième pied doit *toujours* être pourvu d'une syllabe sonore, portant accent tonique. » (P. 210.)

Rappelons la distinction entre les rejets *réels* et *faux*. Guyau a très bien dit à propos de ceux-là : « C'est la césure et la rime qui dans le vers marquent la mesure :... il faut donc qu'on les sente toujours, il faut que la division rationnelle du vers par groupe de six syllabes subsiste, même quand on ne veut pas souligner avec la voix cette division [1]. »

Mais il ajoute : « Tout enjambement, qu'il se fasse d'un hémistiche sur l'autre ou d'un vers sur l'autre, *doit coûter quelque effort* (je souligne) : c'est la condition même de son effet [2]. »

Cette idée est fantasque : elle témoigne d'une confusion de l'enjambement *réel* avec l'enjambement *faux* [3].

---

[1] Guyau, *op. cit.*, p. 206.

[2] *Op. cit.*, p. 206.

[3] On peut parler de *rejet* et d'*enjambement* indifféremment. On ferait bien de restreindre le premier terme à l'abstraction, et le second aux syllabes *rejetées*. Il n'y a aucune utilité à parler de l'enjambement

Dans plusieurs des exemples qu'il choisit pour illustrer sa thèse, il n'y a pas d'enjambement *réel* : dans les autres, il n'y a pas d'*effort*. Il a raison d'insister pour qu'on lise le vers :

Il est grand et blond, l'autre est petit, pâle et brun[1]

en appuyant sur *l'autre*, « qui exprime un rapport d'opposition, et le vers doit rentrer dans la forme classique ». Mais l'enjambement est faux. *Autre* constitue un groupe accentuel à part.

L'enjambement est faux toutes les fois que :

(1) Le mot avant la césure, ou le groupe de mots avant la césure,

ou

(2) Le mot ou le groupe de mots après la césure est d'une importance *éthique* suffisante pour qu'on en fasse un groupe accentuel à part,

pourvu que, si l'on ne tient pas compte de l'accent éthique, l'accentuation ordinaire de la phrase comme unité grammaticale ne demande pas cette division[2].

Le second cas est le plus important. J'écarte l'autre dès ici.

Il a tort de dire que l'effet cherché dans le vers :

Le preux se courbe au seuil du puits, son œil s'y plonge...

où il y a bien un rejet réel des mots *du puits*, disparaît, si, en le lisant, « on ne fait pas sentir légèrement avec la voix le point où devrait tomber le temps fort[3] ». On

---

d'un vers à l'autre et du rejet à l'hémistiche. Les deux phénomènes ne font qu'un.

[1] P. 209, note.

[2] Si l'accentuation grammaticale admettait déjà cette division, il n'y aurait pas d'enjambement du tout, même selon les règles, je ne dis pas classiques, mais des plus stricts poètes du xixᵉ siècle.

[3] Guyau, *op. cit.*, p. 208.

lira ce vers tout naturellement, sans souligner la
sixième syllabe ; l'accent de cette syllabe est déjà, selon
le *rythme* de la phrase, assez fort pour permettre à
l'ictus de se battre facilement.

De même Guyau donne trop de cours à son imagina-
tion lorsque, à propos des vers :

Et la voix qui chantait
S'éteint comme un oiseau se pose : tout se tait.

il dit que « *-eau* porte l'accent tonique ; l'oreille sent
que c'est ici le temps fort, la voix semble devoir y
appuyer, s'y reposer longtemps : tout d'un coup elle
glisse ; par un effet de rythme merveilleux se trouve
représentée la courbe brisée du vol d'un oiseau ou
d'une vibration mourant dans l'air [1] ».

Récapitulons la théorie que j'ai appliquée à la solution de ce problème :

(1) Le rythme est inébranlable, le mètre doit s'y
accommoder.

(2) Si une pause d'arrêt coïncide avec la fin de la
seconde et de la quatrième période, il n'y a ni rejet ni
enjambement, selon la pratique *classique*.

(3) Si une pause de suspension coïncide avec la fin
de la seconde et de la quatrième période, il n'y a ni
rejet ni enjambement, selon la pratique *romantique*. Il
y a ce qu'on peut appeler un rejet ou un enjambement
faux, apparent.

(4) Si la fin de la seconde et de la quatrième période
tombe au milieu d'un groupe accentuel, il y a un rejet
ou un enjambement *réel*.

*Le mot ou les mots rejetés dans le cas d'un rejet ou
d'un enjambement réel ne sont mis en relief en aucune*

[1] *Op. cit.*, p. 208.

façon par l'absence de la pause qu'on attend. On n'attend pas de pause. On ne sent pas qu'on franchit « une ligne normale de démarcation [1] *», car, en effet, on n'en franchit aucune, si le vers est bien construit. C'est tout simplement que le mètre ne correspond pas au rythme.*

Au contraire, le ou les mots rejetés ne sont mis en relief que *s'ils sont précédés d'une pause.* Le rejet est, dans ce cas, *faux,* les mots rejetés constituant *un groupe accentuel séparé* aussi bien qu'une période temporelle séparée.

Par exemple dans le vers :

Qu'un immense conseil mystérieux descend,

si le mot *mystérieux* doit ressortir d'une façon particulière, il sera précédé d'une pause de suspension et ne fera pas partie du même groupe accentuel que *conseil.* Il y aura un *rejet faux.* Si, au contraire, le poète n'a pas voulu donner à ce mot un relief spécial, il fera partie du même groupe accentuel que *conseil, qu'un immense conseil mystérieux* [2]. Le rejet sera réel. Il n'y aura pas de pause ; il n'y aura pas de relief non plus.

Dans un cas pareil, le mot rejeté n'ayant pas de relief particulier, le poète fait attention à ce qu'il soit assez long pour bien remplir toute une période. Sans cela le vers est mauvais. *Il se trouve donc rarement,* on peut même dire qu'il ne se trouve jamais *un rejet réel d'une syllabe.*

---

[1] Guyau, *op. cit.,* p. 207.

[2] L'accent de *mystérieux* étant accent principal de groupe accentuel sera plus important, il est vrai, que celui de *conseil.* C'est tout. On se rappellera aussi que le mot rejeté *peut* profiter, comme n'importe quel mot d'un groupe, *de l'accent d'emphase.* Cela n'a rien à faire avec le rejet ; mais on en tiendra compte en examinant, le cas échéant, si le mot rejeté peut remplir, comme il le faut, une période entière.

Dans le cas du *rejet faux,* au contraire, *il y a assez souvent, et même le plus souvent, rejet d'une syllabe.* Cette syllabe prend un relief extraordinaire, soit par sa prolongation, soit par la forte pause qui la précède, qui peut aller même jusqu'à être une pause d'arrêt au lieu d'une pause de suspension.

Dans le vers :

> O pauvres que j'entends râler, forçats augustes,

la division doit être

> O pauvres | que j'entends | ʌ râler | etc.

Râler doit avoir un relief spécial. Si ce mot n'a pas de relief spécial, il ne peut à lui seul remplir la troisième période, et le vers est mauvais, d'autant plus qu'une période insuffisamment remplie est opposée à une période presque trop remplie

> | ʌ *forçats augustes* | .

Dans le vers :

> Sur mon âme ; mais j'ai vidé cela bien vite.

au contraire, ni *vidé,* ni *cela* ne doit spécialement ressortir : le rejet est réel. La division du vers est :

> Sur mon âme | ʌ mais j'ai | vidé cela | ʌ bien vite.

Seulement l'accent de *ai* n'est peut-être pas assez fort pour permettre l'ictus de bien se battre.

Le vers :

> Sa basquine était en point de Gênes ; sur sa jupe...

avec rejet réel, est bon, malgré la brièveté apparente de la période *de Gênes,* qui n'a pas de relief spécial, la syllabe *Gênes* étant allongée par l'*e* muet non comptant (voir p. 42. Note sur l'*e* muet).

Grammont établit les deux règles suivantes :

(1) « Des mesures de moins de trois syllabes expriment la lenteur, peignent une action qui dure, qui s'accomplit lentement ou mollement[1]. »

(2) « Des mesures de plus de trois syllabes expriment la rapidité[2]. »

Il ajoute :

(3) « C'est un procédé couramment employé dans la conversation que de traîner, d'insister sur un mot que l'on veut faire ressortir ;... or, dans un vers, une mesure qui contient moins de trois syllabes se prononce plus lentement que la normale, on s'attarde sur les mots qui la constituent ; ce ralentissement est donc tout indiqué pour mettre en relief un mot essentiel, un mot qui résume une tirade ou une idée[3]. »

On peut appliquer la première et la troisième de ces considérations à l'enjambement et au rejet *faux* : il s'agit justement de faire ressortir un ou plusieurs mots. Grammont en donne des exemples concluants[4], par exemple :

Le siècle qui l'a vu s'en est appelé | *grand*
(Musset.)
Le fabricateur souverain
Nous créa besaciers | *tous* | de même manière
(La Fontaine.)

etc.

Il a été établi (p. 185) qu'un vers est mauvais si, dans un cas de rejet *réel*, il n'y a pas assez de syllabes rejetées pour remplir une période entière, sans que la voix insiste sur aucune d'elles.

---

[1] *Op. cit.*, p. 16.
[2] *Ibid.*, p. 19.
[3] *Ibid.*, p. 23.
[4] *Ibid.*, p. 24.

Pour le cas général, Grammont abonde dans ce sens. « Les vers où il y a discordance entre le rythme et le sens.... sont de mauvais vers[1]. » Il cite les vers :

> Un golfe de la mer, *d'îles* entrecoupé.
> (Lamartine.)

[où le mot *îles* n'a pas de relief et ne peut occuper une période entière] et :

> La Nature est en nous plus diverse et plus sage ;
> Chaque passion *parle* un différent langage.
> (Boileau.)

[« où *parle* n'a aucune valeur (spéciale) ; c'est *différent* qui est important et rien ne le met en relief. »]

Pour le cas spécial qui nous occupe (celui des syllabes rejetées), il a tort, malgré sa conception exacte de la théorie générale. La superstition du *vers romantique* l'aveugle. « M. Becq de Fouquières a magistralement exposé les rapports de ce mètre avec l'alexandrin classique ordinaire. Ayant, d'une part, le même nombre de syllabes que le tétramètre et, d'autre part, une mesure de moins, il est plus rapide approximativement d'un quart que le vers classique et sa durée totale est moindre approximativement d'un quart[2]. » (p. 33.)

Il continue : « Nous avons vu plus haut (je fais grâce de l'orthographe de Grammont), lorsque nous avons étudié la structure intérieure du vers, que l'em-

---

[1] *Op. cit.,* p. 30-31.

[2] Cp. au contraire Guyau, p. 211 :
« Le vers dit *romantique* multiplie les accents rythmiques et les césures ; de plus, il accumule les idées et les phrases, et à chaque phrase nouvelle il se trouve coupé naturellement de virgules ou de points. Aussi est-il non seulement aussi long, mais fort souvent plus long que le vers classique. » Grammont et Guyau ont également tort. La durée des deux espèces de vers est forcément égale.

ploi d'une mesure plus rapide était propre à exprimer
la rapidité ; il est clair qu'il en est de même d'un vers
plus rapide et que l'augmentation de vitesse qu'il apporte
correspondra bien à la représentation d'un mouvement
rapide, physique ou moral[1]. »

Selon Grammont, le vers est faux quand le trimètre
n'est pas ainsi justifié par le sens, c'est-à-dire par une
idée de rapidité que le poète veut exprimer ; comme,
selon Guyau, il était faux quand les mots rejetés ne
demandaient pas de relief spécial. Tous les deux ont
tort : les soi-disant trimètres ne sont faux que si, le
rejet étant réel, la troisième période n'est pas suffisamment remplie de syllabes.

Par exemple le vers :

Λ Gardiens des monts | Λ gardiens | des lois | Λ gardiens des villes[2]

est faux. Pour ne pas parler du mot *gardiens*, les mots
des lois qui ont exactement le même degré d'importance que les mots *des monts, des villes*, sont mis en
relief plus particulièrement que ces derniers par le fait
qu'ils occupent *une période entière*, sans pause. Ainsi,
ou le rythme sera dénaturé ou le mètre sera faussé[3].

Le vers :

Ne plus penser, ne plus aimer, ne plus haïr[4]

---

[1] *Op. cit.*, p. 34.

[2] Cité par Grammont, p. 44.

[3] Le vers :

Par qui tout vit, sans qui tout meurt, l'Homme et le monde,

n'est pourtant pas faux, car les mots *tout meurt* ont réellement un
relief plus important que celui des mots *tout vit*, et la division du
vers est :

| Par qui Λ tout vit | Λ sans qui | Λ tout meurt | etc.

où *meurt* a un accent grammatical renforcé par l'accent éthique et
tout garde son accent d'identité.

[4] Cité p. 38.

est faux pour la même raison, tandis que le vers :

Des dieux d'airain, posant leurs mains sur leurs genoux[1]

est bon, quoiqu'il n'ait rien de spécial comme idée, surtout pas de rapidité, ce que Grammont a oublié en le citant, et que les mots *leurs mains* ne demandent aucun relief, ce qui donne tort à Guyau. La période *leurs mains* est suffisamment longue pour faire contrepoids à *sur leurs genoux*.

Grammont n'admet pas qu'un vers avec un *accent rythmique* sur la septième syllabe et qui n'aurait pas « en prose d'accent tonique sur la sixième » soit un trimètre[2]. Il se livre cependant, là-dessus, à une théorie des plus fantasques : « La voix donnant un accent à un mot qui, en prose, n'en aurait pas, à un mot souvent dépourvu de toute importance, attire l'attention d'une manière extraordinaire sur le mot qui suit la coupe ou, si ce mot lui-même a peu de valeur, sur tout le second hémistiche[3]. »

Grammont laisse le mètre influer sur le rythme. Les vers qu'il cite sont tout simplement mauvais, un rejet réel d'une syllabe étant inadmissible en général. Grammont ne voit pas pourtant des trimètres partout, comme Becq de Fouquières. Il dit[4] : « La distinction (entre des *trimètres* et des *tétramètres à césure faible*[5]) est... parfois délicate, et c'est alors le goût seul qui peut trancher la question. Il faut, pour chaque cas, examiner le texte et le contexte, voir quel est le genre d'effet qui convient le mieux à l'idée exprimée, et si le poète a

---

[1] Cité p. 45.
[2] P. 46.
[3] P. 46.
[4] P. 47.
[5] Je dirais plutôt : *entre des vers à rejet réel et à rejet faux.*

voulu mettre en relief un mot, une expression ou le vers
tout entier. » Il admet même que la scansion en trimètre peut fausser « complètement le sens d'un vers[1] ».
Il cite à l'appui de cette assertion l'exemple suivant :

Mais... — Quoi donc ? Qu'avez-vous résolu ? — D'obéir,

en ajoutant : « La scansion en trimètre met en évidence la vivacité de l'interrogation. Ce n'est pas l'idée
de Racine, c'est le mot *résolu* qui est important et la
scansion classique le met bien en relief... C'est la *résolution*, cette résolution inattendue *d'obéir,* que redoute
Athalie[2]. »

Il a tort cependant. Le mot *résolu* n'a pas d'importance capitale. Le vers est bien un *tétramètre,* avec
rejet réel. Le mot *résolu* remplit très bien, avec
ses trois syllabes, la troisième période temporelle du
vers.

Grammont voit dans le vers :

Les psaumes, la chanson monstrueuse du mage Ezéchiel[3]...

un tétramètre. Il a raison. Mais il ajoute : « La suspension de la voix... est exactement la même entre
chanson et *monstrueuse* qu'entre *mage* et *Ezéchiel.* »
Il a raison, *sans le savoir.* La suspension est bien la
même, car — il n'y en a pas ! C'est un vers à rejet réel
sans relief aucun.

De même le vers :

Mourad fut saint ; il fit étrangler ses huit frères[4]...

est un tétramètre. Le mot *étrangler* ne demande pas de
relief : le rejet est réel. Le vers est bon, les trois syl-

[1] P. 56.
[2] P. 57.
[3] P. 48.
[4] P. 49.

labes d'*étrangler* remplissant bien la troisième période.

D'autre part, dans le vers :

> Je n'y vois de danger réel que pour demain [1]...

il s'agit d'un *rejet réel*. Sinon le vers est faux, le mot *réel* ne pouvant remplir une période entière sans pause [2]. La scansion de ce vers est ainsi :

> Je n'y vois | de danger | ∧ réel | que pour demain.

Le vers :

> Seul spectre qui ne soit pas sorti du tombeau...

que Grammont trouve mauvais (p. 61), « car en prose il n'aurait pas même un accent secondaire sur la sixième syllabe »; et celui-ci :

> Un corps qui ne répand point d'ombre sur ses pas...

qu'il ne trouve pas beaucoup meilleur, malgré son accent secondaire sur cette syllabe, doivent être jugés d'après les principes établis ci-dessus. On verra que le premier est passable, mais que le second est plutôt mauvais, à cause de l'accent principal de groupe accentuel à l'intérieur de la troisième période | *point* ∧ *d'ombre* | qui contient ainsi un groupe accentuel entier + une partie du groupe accentuel précédent.

Mais ce ne sont pas là, selon Grammont, des *trimètres*. Parmi les vers qu'il cite comme *trimètres non justifiés* (par le sens) et ainsi faux, il y en a qui sont,

---

[1] Cité p. 50.

[2] Remarquons une fois pour toutes que, si le mot *réel*, par exemple, a un relief spécial, le reste du vers se prononcera dans un plus court espace de temps, soit que

(1) la pause entre *réel* et *demain* est diminuée, soit que

(2) les syllabes sont prononcées plus vite.

En tout cas, c'est là un phénomène *rythmique*, et *de la prose*, qu'il faudrait préciser, si c'était ici le lieu.

d'après les règles établies ci-dessus, tout à fait bons, par exemple :

> Et qui par-dessus tous les félins est cité.
>
> (Heredia[1].)

De Souza partage l'erreur de Becq de Fouquières et de Grammont sur l'existence d'alexandrins trimètres[2]. Il a raison pourtant d'objecter à Guyau[3], qui n'y trouve « rien de musical », leur refusant « le moindre rythme saisissable » par l'oreille, que le vers suivant est parfaitement musical et métrique :

> Et triomphant dans sa hideuse déraison.
>
> (Leconte de Lisle.)

Il aurait pu en dire autant de cet autre vers de Leconte de Lisle :

> Comme des merles dans l'épaisseur des buissons.

Ces vers sont bien parfaitement harmonieux, consi-

---

[1] *Op. cit.*, p. 62. Les deux chapitres II, D et E (*Tétramètres romantiques et trimètres non romantiques* et *Pentamètres et examètres* (sic) du livre de Maurice Grammont sont déparés par ce même malentendu — la confusion du *rythme* avec le *mètre*. C'est de tétramètres, de trimètres, etc., *rythmiques* dont parle *sans le savoir* Grammont. Les mètres sont toujours au nombre de quatre, et le second mètre finit toujours sur la sixième syllabe. Ainsi la division :

> S'il ne croit pas, | quand vient le soir, | il pleure, il crie...

(p. 64) est tout à fait *rythmique* et non *métrique*. Bien entendu, si les divisions rythmiques coupent trop les divisions métriques, le mètre a de fortes chances d'être perdu, comme par exemple dans les vers (p. 71) :

> Qui rit, bâille, applaudit, tempête, siffle, hue...
> Fuyards, blessés, mourants, caissons, brancards, civières...
> Il pense, il règle, il mène, il pèse, il juge, il aime...

qualifiés par Grammont d'hexamètres. Ces vers sont tout simplement des alexandrins très osés, et dont l'emploi autre qu'exceptionnel fausserait complètement le mètre — disons nettement de mauvais alexandrins.

[2] Souza, *op. cit.*, p. 105 et suiv.

[3] Guyau, *op. cit.*, p. 204.

13

dérés à part; seulement de Souza a tort de les qualifier d'*alexandrins*.

De Souza dit que « l'enjambement est le fondement, la règle mère de toute la versification romantique... La dislocation empirique du vers demandait... d'enjamber non seulement sur la rime, mais sur la césure... C'est ce qu'accomplit Victor Hugo... En réalité la plupart des combinaisons (de ses soi-disant rythmes ternaires aux seules réelles apparences) sont amenées en vue d'un effet de report au delà du terme ordinaire. Ainsi le vers

> La porte tout à coup s'ouvrit — bruyante et claire,

qu'on rattacherait inexactement au rythme 2 6 4, ne garde toute sa beauté rythmique imagée qu'avec un arrêt brusque et rapide sur *coup*[1] ». Rien de plus vrai. Le vers est bien en effet un alexandrin à *rejet faux*. Mais, pour les alexandrins à *rejet réel* de Victor Hugo, de Souza, nous l'avons vu, les qualifie de *trimètres*.

Note. — Je puis citer à l'appui de mes assertions l'avis de Clair Tisseur — *Modestes Observations sur l'Art de Versifier*, Lyon, 1893. — Parlant des trimètres de Victor Hugo, il fait remarquer (p. 81) que « dans ces vers d'Hugo, le poète, soit instinctivement, soit de façon préméditée, tout en déplaçant la pause, non seulement n'a jamais omis de mettre un accent tonique (ce que nous avons appelé une *demi-lève*) sur la sixième syllabe, mais encore il s'est toujours arrangé pour que cette syllabe terminât le mot. — *Il n'a supprimé que la pause*. Cette demi-lève ne porte jamais sur un article, sur une préposition, sur une conjonction, etc. ».

[1] *Op. cit.*, p. 133-4.

Il est en effet important d'observer que, tandis qu'il n'emploie jamais une *césure enjambante* à la sixième syllabe, il s'en sert continuellement aux prétendues césures romantiques, qu'il n'a ainsi pu regarder comme de véritables césures. Clair Tisseur ajoute (p. 82) :

« Dans les vers que nous avons appelés romantiques, la césure classique n'est pas supprimée mais seulement affaiblie ; la demi-lève sur la sixième syllabe doit attirer légèrement l'attention et permettre à celui qui débite le vers, non pas d'insister sur cette syllabe, mais de la marquer légèrement au passage, de façon que l'oreille puisse instinctivement reconnaître le nombre de syllabes composant le vers. »

En effet le syllabisme étant un élément essentiel de l'alexandrin, il ne faut pas y porter atteinte. Pour ce qui concerne son utilité, je n'ai pas l'intention de discourir sur ce sujet. Qu'il suffise de faire remarquer qu'il préserve le mètre contre la dissolution que peut amener, dans une langue où l'accentuation et la quantité sont relativement faibles (et la différenciation des syllabes par conséquent relativement légère), une trop grande licence dans la constitution des périodes.

Clair Tisseur reconnaît que des trimètres sans accent sur la sixième syllabe sont possibles, mais on ne peut pas les mêler indifféremment à des *alexandrins*. L'impression du lecteur « aura quelque chose de celle d'un musicien qui, phrasant une mélodie nouvelle, mesurée à trois temps, rencontrerait tout à coup, au beau milieu, mêlée aux autres, une mesure à deux temps » (p. 84).

... « D'évidence il n'en serait plus de même si la pièce tout entière était conçue sur un rythme identique d'un bout à l'autre, *qui n'admettait pas de syllabe forte à la médiane;* du moins où, lorsque cela ne pourrait

être évité, cette syllabe serait tellement atténuée que
l'oreille ne fût jamais tentée de transformer en 6 + 6
le rythme initial. Pour exemple on pourrait faire une
pièce en 4 + 4 + 4. » (P. 86.)

Clair Tisseur n'admet pas le mélange 4. 4 4 avec une
autre coupe ternaire quelconque. Il s'en tient trop à la
scansion syllabique ; pour lui il s'agit de *nombre de
syllabes*, non de *longueur de période*.

Je donne, à titre de curiosité, un exposé raisonné de
la coupe 4 + 4 + 4 (p. 87) :

« 1° Il est très musical et comme détrempé de langueur
divine. Ce balancement trois fois répété à chaque vers
donne la sensation d'un bercement très doux, que ne
connaîtra jamais l'alexandrin coupé à 6. Mais pour cela
même, une pièce de ce genre ne peut qu'être exces-
sivement courte. Rien ne serait plus vite monotone que
cet éternel retour des quatre syllabes...

« 2° Le rythme ne se prête à aucun développement,
enserré qu'est le poète dans ses petites tranches...

« 3° Il est fort difficile à traiter...

« 4° Pour assouplir le vers, besoin est d'éviter les
longues pauses trop répétées entre les tronçons. *Dans ce
but, il faudrait que le rythme souvent fût plus marqué par l'intensité des lèves que par les pauses.* La
césure enjambante serait donc ici fort à sa place. Mais
on ne peut presque pas s'en servir. Si elle est suivie
d'une pause (c'est le cas neuf fois sur dix), l'*e* atone
final devient syllabe de chute, et cela fait boiter le
vers.

« 5° Mais la plus grande difficulté pour faire goûter ce
genre de vers, c'est que l'oreille est accoutumée au
6 + 6 (plus ou moins masqué, mais réel même dans
l'alexandrin romantique) et qu'elle est devenue automa-
tiquement rebelle à une cadence différente... »

Il cite des exemples de cette coupe ternaire dans le moyen âge :

> Prise m'avez | el bois ramé, | reportez m'i...
> Mignotement | la voi venir, | celi que j'aime...

En particulier il fait remarquer qu'un poème entier existe en ce mètre, écrit en 1600 — la *Chirurgie,* de Raimon — en provençal :

> De la cervel | la te coven | gran cura fort...
> Et fay o tot | bolir en ay | ga mes clament...
> Aquesta pol | vera ti laus | e sa vertu.

VI

Divers métriciens ont essayé d'établir des distinctions entre les divers mètres.

(1) Selon la durée absolue de chaque période.

(2) Selon la durée relative dans chaque période de
l'*arsis* et de la *thésis*.

I

Chaque période a théoriquement une durée absolue.
Ruskin pensait, paraît-il, qu'il serait utile de la définir
dans la pratique.

Mais cela est impossible. On peut seulement comparer
la durée d'une période avec la durée d'une autre période
dans le débit d'un seul et même lecteur, et encore faut-
il que les conditions soient les mêmes. La durée varie
selon le lecteur et pour le même lecteur selon les conditions. Avec cette réserve on peut parler de la durée
absolue d'une période ou mieux de sa *durée relative*.

Par ce moyen on peut faire la distinction entre certains mètres en anglais et en français. On peut dire
que la durée relative de chaque période est plus ou
moins grande dans ce mètre-ci que dans celui-là. Par
exemple la durée de chaque période d'un *trimètre*
français serait à la durée de chaque période d'un
alexandrin, à peu près comme 4 est à 3.

Mais cette distinction n'est ni très essentielle, n'étant

nullement de genre, seulement de degré, ni très claire,
puisque, pour intelligible qu'elle soit dans le cas général, elle ne se laisse pas bien établir dans chaque cas
particulier.

Omond a voulu faire cette distinction. C'est son
affaire. Je ne sais pas si les termes *mesure à deux* et
à trois temps qu'il adopte sont les meilleurs qu'il eût
pu trouver pour indiquer une distinction fondée uni-
quement sur la durée d'une période.

Omond accepte franchement l'idée contenue dans
l'observation de Lanier, que « le versificateur ou le musicien ont la liberté de remplir une mesure quelconque
de n'importe quel mètre... par un ou plusieurs sons ou
silences pourvu que la somme de la durée de ces sons et
de ces silences soit exactement égale à la durée normale
de la mesure[1] ». Il ajoute[2], en amplifiant la formule
de Lanier : « Quand le nombre des syllabes varie jusqu'à
l'emporter sur le schéma temporel, un vers cesse d'être
métrique. Mais à part cela une irrégularité quelconque,
soit dans la durée des syllabes ou dans leur valeur
accentuelle, ou dans la rapidité de leur débit, ou leur
suppression partielle ou même complète, semble pouvoir être utilisée pour le plaisir de l'oreille. »

Je n'insiste pas sur l'idée malencontreuse qu'il a eue
de mesurer la durée de ses périodes d'après la valeur
normale de deux ou de trois syllabes. On ne saurait qualifier la durée d'une période de *temps normal* de deux,

---

[1] Lanier, *op. cit.*, p. 138 (2) :

« The verse-maker or the musician may put one sound or one
silence, or any number of sounds or of silences or of both, into any
bar of any form of rhythm... so long as the time-values of these
sounds and silences, when added, exactly make up the normal time-
value of the bar. »

[2] Omond, *op. cit.*, p. 57.

de trois, etc., syllabes. Qu'est-ce que le temps normal de deux syllabes? Passons.

Il convient de considérer comment Omond applique cette distinction dans les cas douteux — et il y en a ! Malgré toutes les difficultés, il s'obstine à faire la distinction entre les mesures à deux temps et celles à trois temps. Pour expliquer les difficultés évidentes de cette thèse, il affirme que « nous n'avons pas besoin de savoir la durée de deux syllabes, mais le temps théorique auquel les deux syllabes doivent se conformer[1]». Omond distingue les vers à deux temps de ceux à trois temps selon que deux ou trois syllabes semblent remplir normalement la période[2].

Il ne se gêne pas ainsi pour admettre que les mêmes syllabes de la même phrase peuvent être lues selon deux ou même plusieurs schémas métriques (can be *marshalled* to various times).

Considérons (1) le vers de Swinburne cité par Omond (p. 68),

      Thou art older and colder of spirit and blood than I

[3 3 3 3 2]. C'est un vers de blank verse pris dans un poème écrit en *blank verse*. Omond le veut à deux temps. Puis, considérons (2) cet autre vers du même poète[3] :

      O strong north wind, the pilot of cloud and rain

[2 2 2 3 2], pris dans un poème qu'Omond dirait à trois temps.

---

[1] Omond, *op. cit.*, p. 50 :

« What we are required to know is not ' the time of two syllables ', but merely the time-beat to which two syllables are marshalled. »

[2] *Op. cit.*, p. 49 :

« We have two leading types of verse, in one of which the time-space or unit represents the normal time of two syllables, in the other of three. »

[3] Cité par Mayor, *op. cit.*, p. 55.

Omond explique ce fait ainsi[1] : Le temps théorique
est différent selon le mètre dont il s'agit : dans le vers (1),
chaque période représente le temps de deux syllabes,
tandis que dans le vers (2) chaque période représente
le temps de trois syllabes. Dans le vers :

> To have lived, to have thought, to have done

les mêmes syllabes seront soumises à un mouvement à
deux ou à trois temps selon le mètre voulu par le poète.
Dans un cas il faudra diviser :

> To have | lived | to have | thought | to have | done

dans l'autre :

> To have lived | to have thought | to have done

Le mal n'est pas si grave ici : la durée relative des

---

[1] *Op. cit.*, p. 121 :
« If I am asked to define the metre of this line :
« *From the unknown sea to the unknown shore* — I cannot answer
fully. It is clearly in duple rising metre, but whether it contain four
periods or five it is impossible to say. If it occurred in heroic verse,
there would be no difficulty in spreading it over five periods; if in
octosyllabic, none in adapting it to four. *This is because the syllables are given us, not the time* (je souligne). If we had the whole
poem before us, time would be manifest, and would fix the metre...
Similarly, if we read this line by itself —
« *To have lived, to have thought, to have done* — we cannot possibly tell whether it is duple metre or triple. The words by themselves
do not show. But when we compare its context —
> It is so small a thing
>   To *have* enjoy'd the sun,
> To *have lived* light in the spring,
>   To *have lived*, to *have thought*, to *have done*;
> To *have* advanced true friends, and beat down baffling foes ?

we perceive at once that the time is duple, that the line in question consists of three " triplets ". The words which I have ventured
to italicize, it will be felt, cover in each case the normal time of two
syllables. To *have* represents sometimes a monosyllable, sometimes a
dissyllable. »

syllabes n'est pas nécessairement altérée. Dans l'autre vers :

> From the unknown sea to the unknown shore

qui peut s'accommoder, selon Omond, à n'importe quel des deux mètres, le *rythme* serait tout à fait faussé par une disposition métrique autre que celle voulue par le poète et exigée par le sens.

Il s'agit en effet de la division :

> From the un | known sea | to the un | known shore |

ou de la division :

> From | the un | known sea | to the un | known shore |

On voit la différence essentielle entre les deux.

Ainsi l'explication d'Omond n'est pas admissible. Dans chaque vers il n'y a qu'une seule disposition des accents, des syllabes et des pauses qui soit correcte et qui mette en valeur toutes les nuances de la pensée. Cette disposition peut n'admettre d'être atteinte que théoriquement, elle n'en est pas moins unique. Le *mètre* ne doit pas dénaturer le *rythme*[1].

---

[1] Patmore cite quatre vers de Scott (p. 255) :

> Merrily swim we : the moon shines bright;
> Downvard we drift through shadow and light;
> Under yon rock the eddies sleep
> Calm and silent, dark and deep.

Il ajoute (p. 256) :

« (The) excellent effect (of the last line)... depends entirely upon the obligation to read it into triple cadence, by dwelling very long on the accented syllables, an obligation which results from its forming an integral part of a passage in that cadence. Forget the three preceding lines, and read the last as if it formed one of a series of seven-syllable trochaies, and its movement and character are totally changed. *Thus we see that an entire line may be in common or triple cadence, according to the cadence of the context.* »

Le vers dont il s'agit n'admet pourtant qu'un seul débit — celui, en effet, préconisé par Patmore. La signification de la phrase n'en

II

La plupart des métriciens français et anglais ont cependant vu, comme Patmore, et à l'encontre d'Omond, qu'il fallait, pour bien faire la distinction entre les différentes sortes de mètres qu'on voulait établir, non un élément absolu, puisqu'il n'altère rien à la durée relative de l'arsis et de la thésis dans chaque période, mais un élément relatif.

La syllabe sur laquelle l'ictus se bat, c'est-à-dire l'arsis, a-t-elle un rapport exact et défini avec le reste de la période temporelle *(thésis)* ?

Puisque la longueur et la valeur accentuelle des syllabes vont ensemble en français et en anglais, et que la valeur de la syllabe sur laquelle l'ictus se bat varie même dans un vers où la correspondance est absolue, il est évident que le rapport de l'arsis avec la thésis n'est pas fixe.

Par exemple, dans le vers :

That led | the embat | tled Ser | aphim | to war

les syllabes *led, Ser-, war* sont plus accentuées que les syllabes *-bat-, im*.

Par compensation la thésis des périodes

| *That led* | , | *-tled Ser* | , | *to war* |

est plus courte que celle des périodes

| *the embat-* | | *-aphim* |

à quelle cause, soit pause, soit nombre de syllabes, que ce soit dû.

L'élément de pause, soit de suspension, soit d'arrêt,

---

permet pas d'autre. On ne saurait le lire d'une façon différente sans en faire un non-sens. Le vers n'admet donc nullement une scansion à deux temps (selon l'expression de Patmore), et Patmore a tout à fait tort de dire qu'un seul et même vers peut être mesuré à deux ou à trois temps, selon le contexte.

ne complique pas la question : on n'a qu'à compter tout silence dans la thésis, à laquelle il appartient naturellement. La difficulté est que toutes les syllabes accentuées *n'ont pas la même valeur*.

Lanier donne à la syllabe de l'arsis toujours la valeur d'une noire ; il en admet l'*Auflösung* (ou plutôt il prend une mesure à trois temps dont il permet de couler deux notes en une). La syllabe accentuée occupe toujours la même place dans la période ; mais elle peut être remplacée par *deux syllabes moins longues,* ou même par *une syllabe moins longue et une pause*[1].

Par exemple :

Break, | Break, | Break |

On thy eold | gray stones, | O sea! |

And I would that | my tongue | could utter |

The thoughts that | arise | in me |

(Lanier indique par ⋀ la syllabe accentuée.)
Becq de Fouquières établit un rapport normal entre

---

[1] Lanier, *op. cit.*, p. 138-40. (1), (2), (3), (4), (5), (6) et (7). De même Dabney. Voir p. 215 et suiv. ; par exemple :

Le | gitimate | Édgar...

Seulement il adopte le système musical d'accentuation.

l'arsis et la thésis : il attribue à celle-là la valeur d'une noire pointée, et à celle-ci une valeur égale [1]. « Si, par exemple, nous considérons un élément rythmique de quatre syllabes, et si nous détachons, pour ne plus nous en occuper, la dernière syllabe accentuée qui forme le temps fort de la mesure suivante, les trois syllabes restantes seront représentées dans la formule générale par trois croches ; mais, selon les valeurs relatives de ces syllabes, le temps représenté par ces trois croches pourra être diversement divisé. En un mot, des éléments rythmiques d'un même nombre de syllabes peuvent différer entre eux quant à la proportion de leurs parties. Un temps égal à trois croches pourra être indifféremment rempli par les diverses combinaisons suivantes :

Il permet toutefois certaines dérogations à cette règle :

(1) *La syllabe rythmique de l'arsis* peut être prolongée sur la thésis suivante.

(2) La première syllabe d'un élément de cinq syllabes se porte sur le temps fort précédent.

En outre, le *temps de l'aspiration* est pris sur le quatrième temps fort (c'est-à-dire sur la première période du vers suivant) ; et le *repos de l'hémistiche* sur le second temps fort (c'est-à-dire la troisième période).

---

[1] *Op. cit.*, p. 186.
[2] Cp. p. 77 :
« Chaque élément rythmique se partage en deux parties égales en durée, et par conséquent égales au huitième du temps total ; l'arsis et la thésis seront donc toutes deux équivalentes à trois brèves. »

Exemple de (2) [J'ai déjà illustré (1) ci-dessus]

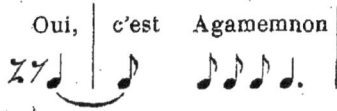

Oui, | c'est Agamemnon |

♪ ♪ | ♪   ♪♪♪♩. |

De la Grasserie s'exprime ainsi : « Le pied se compose en français d'un temps *fort* et d'un temps *faible*,
ces deux temps ont la même durée temporelle (*sic*), ce
n'est donc pas au point de vue de la durée qu'on les
appelle forts ou faibles, mais en ce que le temps fort est
marqué par l'introduction d'un élément syllabique plus
énergique, c'est ainsi que, lorsque le temps faible est
rempli par deux syllabes non accentuées, le temps fort
le sera par une syllabe accentuée [1]. »

Il établit ainsi un rapport exact et constant entre l'arsis
et la thésis. C'est un rapport d'égalité.

L'hémistiche :

Le jour n'est pas plus pur...

contient, selon lui, « trois iambes [2] rythmiques ou accentuels ».

Il le scande ainsi :

| ♪ ♩ | ♪ ♩ | ♪ ♩ |

« C'est la mesure à trois temps [3] », ajoute-t-il.

Puis [4] il examine le vers :

Oui je viens dans son temple adorer l'Éternel

qu'il scande ainsi :

♪ ♪ ♩ | ♪ ♪ ♩ | ♪ ♪ ♩ | ♪ ♪ ♩ |

---

[1] *Principes*, p. 365.

[2] Il appelle iambique un vers qui fait « alterner régulièrement le
temps fort et le temps faible, composés chacun d'une seule syllabe ».
Ibid., p. 392.

[3] *Ibid.*, p. 366.

[4] *Ibid.*, p. 367.

Selon lui, chaque *pied* constitue une mesure à deux temps, la syllabe accentuée valant les deux syllabes non accentuées réunies.

Ensuite [1] c'est le pied de quatre syllabes qu'il considère. Il scande *dans les vallons* C'est, selon lui, la mesure à 3/6.

Ainsi l'alexandrin étant, selon lui, un mélange de ces trois pieds se scande tantôt à deux temps, tantôt à trois temps, tantôt à 3/6, etc.

Après s'être donné la peine de brouiller ainsi la question, il la débrouille admirablement. « Mais ce qu'on ne rencontre pas dans la musique et ce qui étonne à première vue dans la versification française, ce sont des mesures se suivant hétérochrones... Dans l'alexandrin même classique et à l'intérieur de chaque hémistiche, le premier pied peut contenir deux syllabes et le second quatre, ces deux pieds semblent donc hétérochrones et le temps inégalement partagé, ce qui détruit toute mesure.

Il était | plein d'esprit, | de sens | et de raison

S'il n'y avait pas d'accent tonique dans ce vers, l'hétérochronie des pieds serait bien définitive, car trois syllabes indifférentes demandent plus de temps que deux pour être prononcées.

« Mais, si, comme je le dois, je tiens compte des accents toniques, il va se produire un entraînement dont voici les conséquences.

« Lorsque j'ai prononcé le premier pied *il était* (mesure à deux temps), cette mesure s'imprime dans mon oreille. Cette impression se corrobore par la seconde mesure qui suit, *plein d'esprit*, laquelle se

---

[1] *Principes*, p. 368.

prononce naturellement de la même façon; en même
temps j'ai dans l'oreille la durée que doit avoir le pied
entier. C'est alors que survient le troisième pied qui
n'a que deux syllabes, déjà entraîné à une coupure uni-
forme du temps; cette mesure contenant quatre croches,
une sur *de* et trois sur *sens*, le mot *sens* aura ainsi une
noire pointée. J'arrive enfin au quatrième pied *et de
raison* qui contient quatre syllabes, je lui donne toujours la même durée, quoique ici le nombre de syllabes soit le double de celui des syllabes du pied précédent, et en même temps j'y trouve la mesure à dix-huit
qui se ramène à la mesure à deux temps et qui permet
de prononcer trois syllabes dans la même durée que
celle pendant laquelle on prononce deux syllabes dans
la mesure à deux temps[1] ».

Le vers

Il était plein d'esprit, de sens et de raison

se scande donc, selon de la Grasserie :

Il ajoute : « La versification française emploie donc,
en réalité, dans les pieds qui composent le même vers
une complète isochronie, et les mesures qui se suivent
sont ramenées indistinctement au système de la première. Dans ce but, les syllabes atones mêmes et les
toniques sont prononcées tantôt plus vite, tantôt moins,
leur durée est élastique, le cadre et les divisions du temps
restent invariables[2]. »

Il s'ensuit, si de la Grasserie est logique, que les vers
dont la première période contient deux syllabes sont à

[1] *Principes*, p. 373-4.
[2] *Ibid.*, p. 374.

deux temps, et ceux dont la première période contient trois syllabes à trois temps, etc...

De la Grasserie dit, cependant, s'accorder avec Becq de Fouquières, sauf sur « deux points importants [1] ». Après avoir donné un compte rendu des théories de ce dernier il ajoute [2] : « Ce qui revient à dire que, lorsque la mesure est remplie par un plus grand nombre de syllabes, les atones conservent la même durée, tandis que la tonique s'abrège.

« Nous croyons que c'est l'inverse, qu'au contraire, la tonique a toujours la même durée et que ce sont les atones qui se précipitent et qui, par conséquent, sont représentées alors chacune par une double croche ou une triple croche. »

Il apporte à cette théorie la modification suivante : « Cependant ces deux pieds conservent une certaine subordination entre eux, quoique Becq de Fouquières calcule autrement, la première tonique est considérablement atténuée et la seconde gagne ce qui est perdu par la première... :

Oui je viens | dans son temple ‖ adorer | l'Éternel ‖

« Ce qui est perdu en durée par le mot *viens* est reporté sur le mot *temple*, la durée du mot *temple* est même atténuée à son tour au profit de celle du mot *Éternel* qui à la fin du vers amène une plus grande insistance avant le repos[3]. »

---

[1] *Principes*, p. 378.

[2] *Ibid.*, p. 379 : — A propos surtout, il est vrai, de la scansion de l'alexandrin dit romantique de Becq.

[3] *Ibid.*, p. 370. Cp. Saran, *op. cit.*, p. 417 :

« Dabei ist festzuhalten, dass das Glied am Reihenschluss meist noch über das Gipfelglied des andern Bundes dominiert. Die Bünde haben also untereinander fast immer das Verhältnis schwer : schwerer. »

Tout cela n'est qu'esquiver les difficultés. D'explication, il n'y en a point. Il n'était point difficile pour Becq de Fouquières et de la Grasserie d'établir un rapport entre l'arsis et la thésis, une fois toutes les difficultés ainsi écartées par un emploi judicieux, même trop, de l'*Auflösung* et du *prolongement*.

Les vues des métriciens anglais orthodoxes sont d'une simplicité vraiment trop suspecte. « Un pied dissyllabique avec rythme ascendant est appelé un iambe... Si le rythme est descendant on l'appelle un trochée, comme dans le vers :

> Art thon weary, art thon languid...

« . . . Lorsque les accents sont séparés par deux syllabes, le rythme est trisyllabique, soit ascendant. . . ou descendant[1] », anapestique ou dactylique. Nous avons ensuite tout l'appareil de l'*interchange of feet*, c'est-à-dire de la substitution d'un trochée, d'un anapeste ou d'un dactyle pour un iambe, d'un iambe ou d'un dactyle pour un trochée, etc.[2], sans parler du *slurring* de *syllabes superflues*[3], comme dans les vers suivants de Meredith :

[1] Mayor, *op. cit.*, p. 4.

[2] *Ibid*, p. 65.

[3] *Ibid.*, p. 61 :

« A superfluous syllable has to be slurred » dans les pieds soulignés.

Il serait difficile d'égaler l'explication suivante de Mayor (p. 62) : « Trochaic, varied by the intermixture of dactyls, is found in *Boadicea,* which is mainly eight-foot trochaic, sometimes complete, but usually truncated, with one or more dactyls in the last three feet :

While a | bout the | shore of | Mona || those Ne | ronian | legiona
| ries
Girt by | half the | tribes of | Britain, || near the | colony | Camulo
| duneʌ

Circleting the | surface to meet his mirrored winglets...
Wayward as the | *swallow over* | head at | set | of | sun ∧ | ...
Hard, but O the | *glory of the* | winning | were she | won ∧ | ...

Mayor cite (p. 83) des vers de Swinburne, qu'il dit être « une imitation de l'Asclépiade majeur employé par Horace ». Quoi qu'il en soit du mètre latin, l'explication du mètre de Swinburne n'est pas celle donnée par Mayor. Les deux vers se scandent évidemment ainsi :

Love | what ailed | thee to leave | life | that | was made | love | ly we
[thought | with love ?
What | sweet vis | ions of sleep | lured | thee away | down from the
[light | above ?

Chaque vers est partagé en huit périodes égales, avec l'ictus sur la dernière syllabe de chaque période. Le mètre est strictement syllabique : seulement le nombre de syllabes dans chaque période varie selon un schéma défini et régulier.

Mayor participe à l'erreur d'Omond. Il dit[1] : « Pour s'assurer du mètre d'un vers, il faut considérer le mouvement général de la pièce »...

Il prend[2] le vers de Scott :

March, March, Ettrick and Teviotdale

. . .

Hear it, | gòds ! the | gods have | heard it, ‖ O I | cenian, | O Corit
| anian

. . .

Bloodily, | bloodily | fall the | battle-axe, ‖ unex | hausted, in | exora
| ble.

etc.

Cp., p. 46 :

« *Christabel* is an irregular poem in which anapaestic and iambic are freely mixed », comme si un iambe et un anapeste était d'un mouvement identique.

[1] Mayor, *op. cit.*, p. 48.

[2] P. 49 :

March, march, Ettrick and Teviotdale,
Why the deil dinna ye march forward in order ?

. . .

Come from the hills where your hirsels are grazing,
Come from the glen of the buck and the roe...

et il prétend que « les monosyllabes *march, march,*
représentent des dactyles, et que *Teviotdale* doit être
" *slurred* " afin d'être " *compressed into* " un trisyllabe (forcé dans le moule d'un trisyllabe).

On se demande pourquoi? Car si le mètre est purement *accentuel* (c'est la thèse de Mayor), on ne voit
pas trop :

(1) Comment une syllabe peut représenter ou un
iambe, ou un trochée, ou un dactyle, ou un anapeste,
à moins d'être prononcée par deux ou trois *ondes*
successives?

(2) Ce que " *compress* " quatre syllabes en trois veut
dire? Ce mot veut probablement dire que les syllabes
doivent être " *slurred* " afin de ne pas produire l'effet
de quatre mais de trois *ondes* syllabiques.

Mayor cite (p. 51) un vers de Browning :

> Neck by neck, stride by stride, never changing our place, ...

et un de Shelley :

> Stand rigid with horror; a loud long hoarse cry...

qu'il qualifie d'anapestiques. Il ajoute que ces vers sont
des exemples de « l'âpreté que produit dans un vers à
mouvement anapestique, l'introduction dans la thésis
d'une syllabe fortement accentuée » comme *neck,
stride[1], long, hoarse.*

La division en périodes est bien celle donnée par
Mayor, mais la raison de la discordance de ces vers est :

(1) pour le vers de Browning, que le manque de
correspondance du mètre avec le rythme est tel que bien
que les deux premières périodes correspondent aux

---

[1] « The harshness which often characterises the anapaestic rhythm,
when strong accented syllables such as *neck* and *stride* are put into
the unaccented part of the foot. »

groupes *logiques* (grammaticaux), les trois premières contiennent à leur intérieur un accent principal de groupe accentuel.

| Neck by neck | stride by stride | never chan | ging our place

(2) Pour le vers de Shelley, qu'à un phénomène pareil s'ajoute le fait que la dernière période est (selon le rythme) trop longue ; ainsi si on lit le vers selon le mètre le rythme est faussé et le sens du vers ne ressort plus, et si on le lit selon le rythme, le mètre disparaît.

Le vers de Browning est donc passable, celui de Shelley mauvais.

Tous les efforts pour distinguer les mètres français et anglais, d'après :

(1) La durée relative des périodes;

(2) Le rapport dans chaque période de l'arsis avec la thésis,

ont donc échoué.

La véritable distinction, tant en anglais qu'en français, est donc, non celle qu'on a tenté d'établir à l'instar de la musique entre les mètres à deux et ceux à trois temps, ni même celle entre les mètres iambiques, trochaïques, dactyliques, anapestiques, etc., à la grecque, mais celle entre le *syllabisme* et le *non-syllabisme* (Bridges fait la distinction entre les *mètres syllabiques* et *accentuels*), doublée de celle entre le *groupement métrique* et le *groupement rythmique*. La rime peut servir pour marquer l'un ou l'autre de ces groupements. Le mètre syllabique comporte une certaine variété dans la disposition et la durée des syllabes et des pauses. Le mètre non syllabique admet une variété presque illimitée.

Note. — Il reste un point à considérer. La rapidité du débit peut-elle être variée dans le cours du même

14.

passage de poésie? Je n'y vois pas d'inconvénient. Seulement il faut observer certaines restrictions :

(1) Dans le cas d'un poème avec groupement métrique, le changement affectera toute une unité métrique, c'est-à-dire un vers entier, ou plusieurs unités, c'est-à-dire plusieurs vers — il ne devra pas altérer la durée relative des périodes ou des parties de périodes dans chaque unité.

(2) Dans le cas d'un poème avec groupement rythmique, le changement affectera toute une laisse rythmique.

Il faut pourtant remarquer que le cas se présente très rarement, et sera, je pense, évité par un poète de premier ordre, l'emploi de l'élément de pause suffisant largement pour produire l'effet voulu, surtout dans le cas d'un mètre non syllabique.

Par exemple :

Le vers :

By came a blackbird and nipp't off her nose

a la même durée, période par période, que le vers :

The King was in his counting house, counting out his money.

L'effet de lenteur est produit non par un ralentissement du débit, mais par un plus grand emploi de la pause. Le poète remplit moins ses périodes de syllabes. Le vers est ainsi, syllabe par syllabe, plus lent, si l'on tient compte de tout le temps du vers, y compris les pauses.

Dans un vers syllabique, l'effet de lenteur est produit par la méthode inverse. Dans ce cas, l'oreille ne tient pas autant compte des pauses que dans un vers non-syllabique ; il faut ainsi remplir toutes les périodes de syllabes pour produire une apparence de ralentissement du débit. Le nombre de syllabes restant toujours le même, le vers est, syllabe par syllabe, plus lent.

CONCLUSION

Dans le cours des chapitres précédents, j'ai passé en revue les principaux problèmes de la versification française et de la versification anglaise, en particulier ceux que soulève la considération de l'*alexandrin* et du *blank verse*.

J'ai appliqué à la solution de ces problèmes une théorie générale, dont les deux principes suivants constituent la partie essentielle :

a) L'élément psychique et l'élément métrique dans le vers sont tous deux absolument inviolables ;

b) La mesure du temps est la seule base possible du mètre.

La théorie de l'accent et de ses rapports avec la quantité que j'ai acceptée — à savoir celle de Wulff — m'a obligé à écarter toute scansion par syllabes et, en éclaircissant la fonction de la pause, à substituer à cette scansion une méthode de scansion par groupes métriques de syllabes (périodes temporelles), y compris les pauses plus ou moins importantes qui font partie constitutive de ces groupes.

L'application rigoureuse de ces principes m'a mis à même de distinguer entre les différentes sortes de vers français et anglais selon :

a) Leur syllabisme ou leur non-syllabisme ; .

b) Leur disposition métrique ou rythmique,
et en particulier d'établir les lois de *l'alexandrin* et du
blank verse.

En outre, pour ce qui concerne spécialement la versification française, j'ai pu :

(*a*) Expliquer la différence entre *l'alexandrin* et le
vers libre;

. (*b*) Définir la nature véritable de la césure et de la
pause finale et ainsi, à l'aide d'une distinction tout à
fait nouvelle entre les rejets et les enjambements réels
et faux,

(*c*) Établir la valeur des réformes dues aux diverses
écoles poétiques du xixe siècle.

Pour ce qui concerne spécialement la versification
anglaise, j'ai pu démontrer que toute distinction entre
les différents mètres, fondée sur les rapports de l'arsis
avec la thésis, est absolument illusoire, et que les vers
anglais ne sont pas iambiques, trochaïques, anapestiques, etc., mais, comme tous les autres vers, syllabiques ou non-syllabiques, métriquement ou rythmiquement disposés.

TABLE DES MATIÈRES

I

L'Accent et la Quantité.

II

Le Rythme et le Mètre, ou des rapports entre l'élément psychique et l'élément métrique dans le vers.

III

La Période temporelle et ses éléments constitutifs.

Vu et lu :

A Grenoble, le 16 mai 1905.

Le Doyen de la Faculté des Lettres
de l'Université de Grenoble,

J. DE CROZALS.

Vu et permis d'imprimer :

Grenoble, le 17 mai 1905.

Pr le Recteur,
Le Vice-Président du Conseil de l'Université
délégué,

J. DE CROZALS.

Grenoble, imprimerie ALLIER FRÈRES.

a

www.ingramcontent.com/pod-product-compliance
Lightning Source LLC
Chambersburg PA
CBHW061015280326
41935CB00009B/970